Denizin Getirdikleri

(Öyküler)

Mayıs 2020

Denizin Getirdikleri

(Öyküler)

Yazar
Suat ÖZÖNDER

Yayın Koordinatörü
D. Günay DEMİREL

Kapak Fotoğraf
Suat ÖZÖNDER

Hazırlık
Mehtap ÖZTÜRK

Yazarla İletişim
suatozo@yahoo.com

Tunç Yayıncılık
(0212) 525 18 73
Fevzipaşa Cd. Eskibostan Çık. No:1 Kat:1 D:3-4 Fatih/İST.
tuncajans@hotmail.com

Baskı
Renk Ofset ve Matbaa
Davutpaşa Cad. İpek İş Hanı No: 6/18 Topkapı/İST.

Yayıncı Sertifika No: 43171

Birinci Baskı
Mayıs 2020

ISBN: 978-605-7783-59-2

Suat ÖZÖNDER

Denizin Getirdikleri

(Öyküler)

İçindekiler

Suat ÖZÖNDER

Çağımızın iletişim araçlarından biri vasıtasıyla tanıdım kendilerini.

İlk görüşte aşk misali vuruldum; haline, tavrına, tarzına, aydın, duyarlı ve çok yönlü sanatçı kişiliğine.

Adeta gökkuşağını andıran renkli kişiliği ve dostane tavrıyla kapıldım cazibesine...

Ülke dışında yaşayıp da, ülkesine bu kadar ilgili, sevgili ve titrercesine özenerek davranması dikkatimi çekti ilk etapta...

Sonra sanatsal yönünü keşfetmeye ve izlemeye başladım bir müddet...

Sanat insanı olması bir yana, sanatla yoğrulmuş ve sanatla bütünleşmiş bir sanat abidesiyle karşı karşıya olduğumu gördüm bir anda...

Sanatın mutfağında kalmayı yeğlemesi ve mütevazi kişiliğiyle bir gönül ehli, çağdaş bir ahi ve kocaman yürekli bir dev olduğunu fark etmem çok uzun sürmedi...

Bir taraftan sevdalısı olduğu ülkesini Avrupa'nın başkenti Belçika'da en iyi, en modern, en medeni, en hakkaniyetli şekilde temsil etmesi, bir taraftan gönüllü bir elçi gibi Türk kültürünü Avrupa'nın göbeğinde tanıtma çabası takdiri şayan bir yaşam şekli ve kendisine çok yakışan bir kahramanlık payesiydi...

Karşılaştığımız ve tanıştığımız ilk gün ısındı kanlarımız bir birine... O bana dolu dolu ve halisane duygularla "kardeşim" dedi, ben ona aynı samimiyetle " ağabeyim" dedim o gün bu gündür...

Sevgili ağabeyimin kutlu sanat yolculuğunun bu alanında, bu basamağında kendisine üstün başarılar diliyor, nice güzel öykülerini özlemle ve merakla bekliyorum...

Yolun açık olsun kardeşin ağabeyi... Sevgimle, kalbimle, gönlümle seninleyim...

Mehmet ÇİÇEK

Özgeçmiş;

Birçok ilklere sahne olmuş antik Bergama doğumlu Suat Özönder, mübadele yıllarında Selanik'ten göç eden ailesinin sanata yakınlığından kaynaklanan bir kulak aşinalığı ile müziğe başladı. Müzik sevgisiyle dopdolu çocukluğunda mandolinden gitara geçerken tiyatroya da ilgi duyuyordu. Bergama Halk Eğitim Merkezinde çeşitli oyunlarda rol aldı. Sonunda Bergama'da kurduğu (PERGAMUSLAR) orkestrası ile müziğe devam etme kararı aldı.

Bergama Ortaokulu, İstanbul Saint-Benoit ve İzmir Namık Kemal Lisesinden sonra askerliğini bitirip Belçika'ya gitti. Belçika'da müzik çalışmalarını sürdürmek ve her iki kültürün müziğinden bir mozaik yapma fırsatını yakalayan Suat Özönder, kurduğu çeşitli gruplarla Türk kültürünü ve kendini tanıtma fırsatını buldu. 1980'li yıllarda Belçika'da en çok aranan Türk şarkıcısı olmuştu.

Bu arada Bruxelles'de Academie Intercommunale St. Josse ten Noode- Schaerbeek okulunda Profesör Geraldine Kenigsman-John'dan armoni, şan ve piyano dersleri aldı.

1985 ve 1987 yıllarında katıldığı iki enternasyonal yarışmada bir finalist (Promotion Artistique Belge) ve bir de ikincilik.

“International Chansons sans Frontières“ ödülleri aldı. Bunları Fransa, Hollanda ve Belçika'daki çok sayıda radyo ve televizyon programları izledi. 1986 yılında çok yönlü müzisyen Turhan Yükseler'le albüm çalışmalarına başladı ve böylece Türkiye müzik dünyasına girmiş oldu.

1990-2000 yılları arasında kendi çalıştırdığı lokantada yaptığı meşhur "saray" yemekleri ve çaldığı 12 telli gitar eşliğinde söylediği şarkılarıyla Belçikalılara Türkiye'yi daha da sevdirmeye çalıştı. Sözlerini kendi yazdığı bestelerinden oluşan zengin bir repertuarı olan Suat Özönder ayrıca Ömer Hayyam, Yunus Emre, Nazım Hikmet, Aziz Nesin, Can Yücel gibi ünlü şair ve düşünürlerin eserlerinden çok sayıda besteler yaptı. Şarkılarının bir bölümünü Belçikalı şair Lucie Spede'in uyarladığı sözlerle Fransızca da söyledi ve aynı şairin şiirlerinden birçok Fransızca beste yaptı. 1997 yılında Belçikanın ünlü müzisyenlerinden Bert Candries ile Musique du Monde (Dünya Müziği) için üç şarkılık bir cd yaptı. İstanbul adlı kendi bestelerinden oluşan bu cd sinde türk ve belçikalı müzisyenler çaldı.

Belçika RTBF ve BRTN radyo ve televizyonları için fon müziği besteleri yaptı. Bu arada belgeseller için çeşitli fon müziği besteleri yaptı.

2002 yılı Nazım Hikmet'in doğumunun 100. yıldönümü münasebetiyle Türkiye Cumhuriyeti Kültür Bakanlığı'nın katkılarıyla gerçekleştirdiği "Şarkılarda Nazım Hikmet" albümüyle yeni bir çıkış yaptı. Bu albümde, büyük şairin yanı sıra sözlerini kendi yazdığı iki bestesiyle birlikte folk-rock ve senfoninin büyük ustalıkla kullanıldığı 10 şarkı bulunuyor.

14 Eylül 2003 Bergama'da gerçekleştirilen BERKSAV ödül töreninde Bergamalılara orkestra düzenlemesini kendi yaptığı Bergama türkülerinden oluşan bir konser verdi. İleriye yönelik projeleri arasında türkülerden oluşan bir albüm çıkartmak ve kendi bestelerinden oluşan bir rock albüm çalışması yapmak yer alıyor.

Bu arada 2005 yılında Dikili'de Semih Tınay Anadolu Lisesi için bir okul marşı besteledi. Lise öğrencilerine provalarda bizzat kendi eşlik etti. Ekim 2005'te de okulda düzenlenen bir törenle şükran ödülü aldı.

Aralık 2003'ten itibaren Urla-İskele'ye yerleşen Suat Özönder beste ve orkestra düzenlemesi çalışmalarına burada devam ediyor. Öykü çalışmalarına da başladığı Urla'da, öykülere zaman ayırmasını bildi. Yazdığı elliye yakın öykülerinin bir bölümü, Yeni Adana gazetesinde yayınlandı.

Haziran 2007'den itibaren de Dikili'nin Kabakum beldesinde yaşıyor. Burada da yeni bir Roman denemesine başladı.

8-10 Ekim 2008 Kuşadası 5ci şiir ve öykü günleri festivalinde katılımcılara kendi bestelerinden oluşan şarkıları ile iki konser verdi.

10-12 Ekim 2008'de Ödemiş Birgi'de Aydınoğulları'nın 700'cü kuruluş yıl dönümü için kendi şarkılarından oluşan bir konser verdi.

Bu arada yazar Süreyya Köle'nin yazdığı şarkı sözleriyle besteler yapmaya başladı.

Bu arada Belçika ile ilişkisini kesmedi ve iki ülke arasında gidiş-gelişleri devam etti. Gerek Türkiye'de, gerekse Belçika'da konserlerine devam etti.

2018 yılından itibaren olumsuz koşullar nedeniyle tekrar Belçika'ya yerleşti…

***

.... Her birimizin uçurtmasına
kendi elleriyle çizip boyadığı
birer Atatürk portresi yapıştırmıştı.
Uzun uzun sevinç çığlıkları atarak
Cevat ağabeyimize sarılmış bir yumak olmuştuk.
Sevgili kurtarıcımız gökyüzünden bizlere
gülümseyerek bakıyordu şimdi.
Çok mutluyduk, çok sevinçliydik.

***

UÇURTMALAR

Bugün çok heyecanlıydık hepimiz. Mahallemizin renkli siması Cevat ağabey bize uçurtma yapmaya gelecekti. Cevat ağabey, Bulgaristan'dan gelmişti, güzel sanatlar akademisi mezunuydu ve birçok becerileri vardı. Resim yapar, ağaç heykeller yapar, bizlere oynamamız için telden otomobiller yapardı.

Bir gün önce kırtasiyeciden aldığımız renkli kâğıtları paylaşmaya başlamıştık komşu çocuklarıyla. En sonunda renklerde anlaşmıştık. Bana koyu mavi renkli kâğıt düşmüştü. Çok sevindim, zira süt mavisi bir gökyüzünde lacivert uçurtma çok ahenkli süzülecekti. Geçen yıl, Bağlardan kestiğimiz kargılar (kamış) kurumuş ve hafiflemişti. Kargılar kuruyunca hafifliyor ve dayanıklılığı da o derece artıyordu. Uçurtmalarımızın iskeleti bu kargılardan dikkatlice kestiğimiz ince çıtalardan oluşacaktı.

Geçen yıl yaptıkları uçurtmalar geldi aklına. Cevat ağabeyleri her birine ikişer renkli yapmıştı uçurtmalarını.

Evlerinin önündeki büyük alanda uçurtmaya başladıkları uçurtmalarını yavaş yavaş kaleye(Akropol) doğru gezdirmeye gitmişlerdi. Elektrik tellerine takılmasın diye, uçurtma ipinin çilesini tellerin üzerinden aşırtıyorlardı. Uçurtmanın kaçmaması için ipi ilk önce sol ellerine birkaç kat sarıyorlardı. Sonra çileden beş on metre kadar ipi yere bırakıyorlardı. Yerde yeteri kadar ip birikince çileyi elektrik tellerinin üzerinden aşırtıyorlardı. Böylece engel ortadan kalkıyor ve uçurtmalarıyla ilerlemeye devam ediyorlardı.

Sonunda papatya ve gelinciklerin kırmızı beyaz renkleriyle donattığı kaleye ulaşmışlardı. En büyük zevk şimdi başlıyordu. Beraberlerinde getirdikleri ucu çatallı kazıkları toprağa saplayıp uçurtmalarını bu kazıklara bağlayarak lale ve papatya toplamaya gidilirdi. Uçurtmalar havada sağa sola hafif hafif yalpa yaparak bir gelin gibi süzülüp dururdu. Diğer mahallelerden de çocuklar gelirdi ve hep birlikte büyük bir zevkle uçurtmalarımızı uçururduk.

Bazen birbirilerine fazla yaklaşırdı. Böylece uçurtmalarının ipleri birbirine dolanırdı. İşte o zaman bir uçurtmacının en zor anları başlardı. İpleri birbirinden ayırabilmek için çoğu zaman iki uçurtmayı da yere indirmek gerekirdi. Kavgalar bile olurdu bu yüzden.

Bir de telefonlarımız vardı. Kâğıttan yaptığımız halkaları geçirirdik iplerin başından. Bu halkaları çileden ipe geçirince başlardı yukarıya doğru yürümeye. Bazen uçurtmanın terazisine kadar giderdi. Hatta birçoğumuz değişik renklerden yaptığımız telefonları arka arkaya salardık. Uçurtmalarımızın ipleri rengârenk kâğıttan halkalarla çok güzel bir görüntü oluştururdu.

Bu arada jiletçileri de unutmamak gerekiyor. Yaşça daha büyük çocuklar da, uçurmalarının iplerine birkaç jilet bağlayıp diğer uçurtmaların iplerini kesmeye gelirlerdi. Amaçları ipleri jiletlerle kestirip uçurtmaların kaçmalarını sağlamaktı. Sonra da onları çok uzaklarda düştüğü yerden alıp kaçıyorlardı veya uçurtması kopana satıyorlardı.

İşte tam bunları düşünürken Cevat ağabeyleri geldi. Elinde büyükçe bir de kâğıt rulo vardı. Hemen kargılardan ince çıtaları birbirine bağlamaya başladı. Eskiden bize altıgen uçurtmalar yapardı. Ama bugün ince çıtaları sekizgen olarak bağlıyordu.

- "çocuklar artık büyüdünüz sekizgen uçurtmayı kolayca kaldırabilirsiniz." Demişti.

Renkli kâğıtları ince çıtaların boyuna göre kestikten sonra, kalan kâğıt parçalarıyla uçurtmanın kuyruğunu yapmak gerekiyordu. O görevi de bize vermişti. Şerit halinde kestiği kâğıtları ikiye katlayıp sicimlere onar santimetre aralıklı sıkıca bağlıyorduk. Uçurtmalarımızın kuyrukları en azından altı-yedi metre olmalıydı. Böylece gökyüzünde daha dengeli uçardı.

Cevat ağabeyimiz bir kapta una su katarak bir bulamaç hazırladı. Bu o zamanın tutkalıydı. Uçurtmanın yapıştırılacak yerlerini bu bulamaçla yapıştırıp kurumaları için bir köşeye bıraktı. Hamur olduğu için kurutmak vakit alacaktı.

Hemen hemen her şey hazırdı. Cevat ağabeyimiz bizden, biraz sokakta beklememizi istedi. Bize çok sevineceğimiz bir sürprizi olduğunu gülerek söyledi. Bu çok becerisi olan ağabeylerini dinleyerek sokağa çıktılar. Büyük bir merakla evlerinin önünde beklemeye başladılar.

Sanki zaman yıllar gibi yavaş yavaş geçiyordu. Bir süre sonra evin kapısından bize seslendi:

- Çocuklar sürpriziniz hazır, koşun koşun!

Odaya girdiğimizde ne görelim? Her birimizin uçurtmasına kendi elleriyle çizip boyadığı birer Atatürk portresi yapıştırmıştı. Uzun uzun sevinç çığlıkları atarak Cevat ağabeyimize sarılmış bir yumak olmuştuk. Sevgili kurtarıcımız gökyüzünden bizlere gülümseyerek bakıyordu şimdi. Çok mutluyduk, çok sevinçliydik.

Kabakum-Dikili
07.07.2013

TAŞ BEBEK

Biri çok küçük diğeri daha büyükçe iki odadan oluşan evlerinde dört nüfus yaşıyorlardı. Anne, baba ve küçük oğlan kardeşi Osman. Mutfak, oturma odası, yatak odası hepsini bir arada kullandıkları büyük odanın tam kapısının karşısında duran ocakta bu gece tıslayarak yanan koca iki kütükten biri neredeyse tükenmek üzereydi. İki gün önce mevsimsiz yağan kar, onları da hazırlıksız yakalamıştı. Babasının dağdan kesip getirdiği ağaç kütüklerini avludaki sundurmaya koyamamışlardı bile. Tabii ki kar altında ıslanan kütükler zor yanıyordu ve yanarken de ara ara çıtırdayarak hışırdıyordu, tıslıyordu.

Küçük Osman uykusunda dokuz yaşındaki ablası Sultan'ı boyuna tekmeliyor ve üzerilerine örttükleri yün yorganı devamlı açıyordu. Yanan kütükten çıkan hışırtı ile babasının horultusu, dışarıdan gelen fırtınanın sesine karışınca Sultan'ı çok rahatsız ediyor bir türlü uyutmuyordu. Avluya açılan kapının altındaki delikleri eski bir kilimle örtmüşlerdi ama iyice kapanmayan küçücük pencerenin perdesini aralıklardan giren rüzgâr havalandırıyordu.

Yanan kütüğün alevinden çıkan cılız ışıkla pencerenin beyaz perdesi bir gelinliğin tülleri gibi dalgalanıyordu sanki. Zar zor uyuyabilen Sultan o sabah ilk horozlarla uyandı. Pencereden giren donuk bir ışıkla aydınlanan odadaki ocakta hışırtılar kesilmiş, kütükler tükenmiş ve tek tük kalan korlanmış parçalar da kül tutmuştu. Ocak, kocaman bir devin açılmış ağzı gibi kapkara duruyordu. Sadece süt mavisi renginde incecik bir duman dans eder gibi yükselerek, bacanın karanlığında kayboluyordu.

Anne ve babası uyanmış, yün yorganlarını omuzlarına örtmüş bir vaziyette küçük pencerenin altındaki duvara dayanıp çocuklarına büyük bir sevgiyle ama kuşku içinde bakıyorlardı. Bakışlarındaki kederle karışık hüzün onları bir hayli ihtiyarlatmış, yüzlerini kırıştırmıştı. Oysa daha otuzunda bile yoktular.

Sultan uyanır uyanmaz önce kardeşine sonra da duvar dibinde oturmuş anne ve babasına baktı, sonra yastığına büyük bir itinayla yatırdığı taş bebeğini kucaklayıp bağrına bastı. Bu taş bebek ona ninesinden yadigârdı.

*

Osman ağa tam 38 yaşındayken 12 yaşındaki Meryem'i kaçırmıştı. Hemen nikâh kıydığı Meryem daha 13 üne değmeden ilk çocuğunu dünyaya getirmiş, tam sekiz yıl ardı ardına sekiz çocuk daha doğurmuş, son olarak ta yine gebeyken 23 yaşında çocuğunu doğuramadan sizlere ömür olmuştu. Meryem ona hep kız çocukları doğurduğu için Osman ağa da ha bire erkek evlatları olur diye yükleniyordu gencecik karısına.

Küçük Sultan'ın annesi Meryem, altıncı kızıydı Sultan ninenin.

Anneleri çok genç yaşta ölünce Sultan ninenin taş bebeğini Meryem'e vermişlerdi. Babaları Osman ağanın tarlaları vardı ve yeteri kadar da varlıklıydı. Hemen yakın köylerden bir kız bulundu ve tekrar evlendirildi. Gelen üvey anne dokuz çocuğa nasıl bakacaktı?

Osman ağa bir hafta içerisinde bir de kuma getirip koydu eve. Yeni gelen kuma Meryem'in iki küçük kardeşinin sütannesi olmuştu. İki gelinin yapacak o kadar çok işleri vardı ki, aralarında hiçbir problem olmuyor, gül gibi geçinip gidiyorlardı.

Meryem 16 yaşına geldiğinde, onu Osman ağanın sığırtmaçlık yapan uzaktan akrabası Ali'yle evlendirdiler. 17 yaşındayken küçük Sultan'ı doğurdu. Annesinden kalan taş bebek böylece küçük Sultan'ın yegâne oyuncağı olmuştu artık. Kızına, gencecik kaybettikleri anasından iki hatıra kalmıştı sadece. Birincisi annesinin ismi, diğeri de kaçırıldığı zaman elinde oynadığı taş bebeği. Ne yazık ki yeteri kadar oynayamadığı taş bebeğinin yerine sahici bebeklerin sahibi olmuştu üst üste.

Ama gene de taş bebeğini gözü kadar seviyor, her fırsatta onu temizleyip yüklükteki yatakların arasında saklıyordu. İşte küçük Sultan ve taş bebeği... Onlar tarlada çalışırken küçük Sultan da ha bire taş bebeğiyle oynuyordu.

Fakirlik içindeki yıllar o kadar çabuk geçmişti ki, küçük kardeşi Osman doğduğunda Sultan beş yaşına gelmişti bile. O kadar sevinmişti ki zira şimdi oynayabileceği biri canlı, diğeri cansız iki bebeği vardı artık. Ama ona soracak olursanız, Osman gibi ağlamadığı ve yaramazlık yapmadığı için taş bebeğini daha çok seviyordu.

Sabah uyanıp ta biraz kendine gelince küçük Sultan taş bebeğine sımsıkı sarılmış bir vaziyette hacet gidermek için avluya çıktı. Hava buz gibiydi ve hala hafif hafif kar yağmaktaydı. Sundurmanın altında küplerin içindeki sular daha donmamıştı ama çok soğuktu. Bakır maşrapayla aldığı suyla elini yüzünü yıkadı ve soğuktan titreyerek kendini odaya dar attı. O sırada kardeşi Osman da uyanmış, annesi de yatakları toplayıp yandaki küçücük odaya taşımıştı. Ali ocağı canlandırmaya çalışıyordu, kızına: "Sultan birkaç odun getir" diye seslendi gözlerini ocaktan ayırmadan. Sonra Meryem'le göz göze gelip gene derin derin ah çekercesine bakıştılar. Sonra yine: "Sultan, sundurmanın altındaki kuruluklardan da getir!" diye ekledi. O sırada Meryem de ocağın üzerinde asılı duran, dumandan kapkara olmuş bakır güğümü doldurmak için dışarıya çıkıyordu. Çay suyu ısıtacaktı. Gene Ali'yle kuşku içinde bakıştılar.

***

Bugün tam bir hafta olmuştu Ali ve Meryem'in köylerini terk etme kararı aldıkları. İki keçileri, bir de eşekleri vardı. Onları satar satmaz kaçacaklardı köyden. Uzaklara, çok uzaklara gideceklerdi. Komşu köydeki tefeci Musa ağanın bulamayacağı kadar uzaklara kaçacaklardı. Yeter ki keçilerle eşek satılsındı. Böylece son kalan borçlarını da ödemiş olacaklardı. Bu köyde kaldıkları müddetçe hep tefeciye muhtaçtılar çünkü. Bütün yıl çalıştığı halde eline yeteri kadar para geçmiyordu. Emperyalist düzenin ağalara ödün verdiği sürece bu hep böyle olacaktı. Ne kadar çalışsalar da bir türlü artan borçlarını ödeyemeyeceklerdi. Hele son günlerde tefeci Musa'nın imalı konuşmalarından mideleri temelli bulanmıştı. Bir haftadır gözlerine uyku girmiyordu sıkıntıdan. Osman ağaya da bir şeyler söyleyemezlerdi. Yarın tam on gün olacaktı tefeci Musa'yla görüştükleri. Borçlarının bir bölümünü yatırmaya gittiğinde Musa kendisine bu imalı konuşmayı yapmıştı:- "bak Ali oğlum, senin bu borcunu ödemeye hiç niyetin yok gibi geliyor bana. En iyisi mi ben sana üzerine 5000 lira daha vereyim, sen de buna karşılık bana şu senin yavaş yavaş palazlanmaya başlayan Sultan kızı ver, olsun bitsin!"

Bunu işittiği anda sanki dünyalar başına yıkılmıştı Ali'nin. O kadar çok sevdiği, üzerine titrediği, kendi yemeyip ona yedirdiği, ileride sözü dinlenebilir biri olması için komşu köydeki ilkokula gönderdiği sevgili Sultan'ı satın almak istiyordu şu kör olası tefeci cenabeti. O gün sinirden hiçbir şey söyleyemedi karısına. Ancak bu böyle devam edemezdi. İşte tam bir hafta önce aldıkları kararla her şeylerini satıp İstanbul'a kaçacaklardı. Ayrıca Meryem'in babasına da hiçbir şey söylemeyeceklerdi.

***

Ofisinin üzerindeki dosyaları, telefonunu ve evraklarını düzenlemiş, kalemliği ile isminin yazılı olduğu mermer levhanın arasına itinayla oturttuğu taş bebeğine dalmıştı gözleri…

*

Fırtınalı bir kış gecesiydi. Babası son derece sinirli bir biçimde odanın bir ucundan diğerine hiç kimseye bakmadan gidip geliyordu. Annesi küçük Osman'ı güzelce giydirmiş, yatak yorgan denkleri ve yatak çarşafından kocaman bohçaları düzenlemeye çalışıyordu. Ali son sigarasını yakarken bir motor gürültüsüyle birlikte kesik kesik iki korna sesi geldi. Sigarasını yakamadan kapıyı açan babası telaşlı bir biçimde: "haydi şimdi!" diye seslendi. Gözleri parlıyor sesi heyecandan hışırtılı çıkıyordu. Dudaklarının arasında duran sigarasının yere düştüğünü bile fark etmemiş karısının hazırladığı eşyaları taşımaya başlamıştı.

İstanbul'da oturan Selahattin amca, babasının asker arkadaşıydı. Konya karargâh bölüğünde tam 18 ay tayınlarını ve kaderlerini paylaşmışlardı. Yedikleri, içtikleri ayrı gitmiyordu. İkisi de oto taburundaki sürücü kurslarını tamamlamış, Konya'dan da sivil kamyon şoförü ehliyeti almışlardı. Hatta 15 günlük izinde Ali'yi memleketi İstanbul'a götürmüş ona çok ilgi göstermişti. İşte şimdi çok sevdiği arkadaşı ona yardıma gelmiş, onu ve ailesini kokuşmuş bir bataktan çekip çıkarıyordu.

Selahattin amcanın kamyonetindeki kalorifer ne de güzel ısıtıyordu.

Yıllar yılları kovalıyor, zamanın nasıl geçtiğini anlamıyorlardı bile. Selahattin amca, büyük bir nakliyat firmasının sahibi olan babasının iş yerinde Ali'ye de bir iş bulmuştu. Onlarla aynı mahallede küçük bir ev kiralamışlardı. İlkokul, ortaokul ve liseyi orada bitirmişti küçük Sultan. Hukuk fakültesini bitirip avukat olduğunda 21'ine basmıştı. Diploma törenini hiç unutamıyordu. Annesi, babası, kardeşi Osman, Selahattin amcası ve eşi Zehra yenge ile Kardeşi Osman'la aynı yaştaki kızları Şen hep birlikte gelmişlerdi törene. Oradan da hep birlikte boğazda güzel bir öğle yemeği yiyip eğlenmişlerdi. Yemekte babası Sultan'a bir zarf verdi o gün. Şu andaki ofisinin anahtarları ve tapusu vardı zarfta.

Tienen-Belçika
27.04.2015

AVRUPA AVRUPA

Güldüğü zaman, yanağındaki gamze ve hemen yanındaki yara izi çok şeyler anlatıyor, gözlerindeki derin hüzünle geçmişe dalıyor gibiydi hep. Genç yaşına rağmen, başındaki ince oyalı koyu yeşil yemenisinin açıkta bıraktığı saçları beyazlamıştı. Fırsat buldukça onları kına ile boyuyordu. Koyu yeşil yemeninin altından taşan kınalı gür saçları yüzüne daha da bir olgunluk veriyordu. Kınaları solmuş elleri ve uzun parmakları da yaşam kavgası nedeniyle zorlanmalarına rağmen hala biçimliydiler.

Belçika'ya gelin geldiği ilk günü hatırladı birden. Henüz 17 yaşındaydı. Büyük mavi minibüsten indiklerinde yorgunluktan bitkin bir biçimde evin daracık merdivenlerinden dördüncü kata nasıl çıktığını hatırladı. Bir kolunda 18 aylık Ali, diğer elinde de içi bir sürü kuru yiyecek bulunan kocaman bir çuval. Ali'yi bir yere yatırır yatırmaz tekrar dört kat aşağıya inip kocasının diğer iki çocuğunu almaya gitti. Bir saatten fazla bir zaman aldı koca minibüsü boşaltmaları. Ev, iki oda, bir mutfaktan ibaretti.

Bir aydır toz içinde kaldığından Döne hemen temizliğe girişti. Çocukların yataklarını açtı ve onları hazırda bulunan bir şeylerle besleyip yatırdı.

Kocasının karısı ölmüştü. 47 yaşında, üç çocukla dul kalmıştı. Yaz tatilleri başlamadan önce Köyden bir kız bulmuşlardı ona.

Döne'nin anne ve babası ölmüş, ninesi tarafından büyütülmüştü. İlkokulu bitirmeden, ninesi onu kendine yardımcı olsun diye eve almıştı. Artık 17 yaşına girmişti. İyice serpilmiş kadınlaşmaya başlamıştı. İki yıldan beri kendi köyleri ve civar köylerden isteyenler olmuştu Döneyi. Fakat hiçbirine olur vermemişti. Ta ki köselerin Mehmet devreye giresiye kadar. Dul falandı ama ne de olsa Avrupa'da yaşıyordu. Televizyonlardan görüyordu Belçika'yı. Medeniyetin beşiği, Avrupa Birliğinin başkentiydi. Nisan sonunda ninesinden onu istemeye geldiklerinde, hiç düşünmeden üç çocuklu olmasına rağmen Mehmet efendiden gelen teklifi kabul etmişti. Belçika'dan banka havalesiyle ninesine gelen parayla düğün için gerekli şeyler alınmış, geri kalan da tekrar ninenin hesabına yatırılmıştı. Heyecanı doruğa ulaşmıştı. Esaretten kurtuluyordu. Belçika'da evinin hanımı olacaktı bundan sonra. Ninesinden çektikleri artık sona eriyordu. Mehmet efendiyle aralarındaki 30 yaş farkı düşünmüyordu bile. Aklı fikri kapağı Avrupa'ya atabilmekteydi. O da artık Belçika'daki büyük mağazalardan alışveriş yapabilecek, tatillerde Türkiye'ye geldiğinde oradan aldığı giysilerle köyde çalım satacaktı. Sevinçten geceleri gözüne uyku girmiyordu.

Belçika'ya geldiklerinden üç ay sonra tüm evrakları tamamlanmıştı. Evlilikten dolayı bu ülkede oturma izni vermişlerdi Döneye. Kısa bir süre sonra da ona bir iş bulmuştu komşuları. Kocası, kömür madeninden emekli olduğu için çalışmıyor sadece çocuk parası ve emekli maaşıyla geçimlerini temin ediyorlardı. Döneye bir mağazada temizlik işi bulunmuştu. Akşamları saat 18.00- 21.00 arası büyük bir giysi mağazasında temizlik yapıyorlardı. Komşularla birlikte gidip geliyorlardı her akşam. Kocası Mehmet te, o işteyken evde çocukları bekliyor, o eve gelir gelmez de evden fırlayıp kahveye çıkıyordu. Gece yarısı leş gibi içki ve sigara kokusuyla gelip yatağa girerdi. Bir yıla yakındır ya bir ya iki kez birlikte olmuşlardı. Daha doğrusu Döne yatıyor, Mehmet Efendi de kendini tatmin ediyordu. İşini bitirdikten sonra da Döneyi yataktan iterek çocukların yattığı odaya gönderiyordu hep. Oysa Döne genç ve çok çekiciydi. Sağ yanağındaki gamzesiyle ne canlar yakardı kim bilir.

İçki sigara bile koksa, kocası yatağa girdiği zaman neler hayal etmiyordu ki. Daha kapının açıldığını duyar duymaz kalbinin atışları hızlanıyor yerinden çıkacakmış gibi çarpıyordu hep. Ama hiçbir zaman umduğu gibi olmadı. Bazen kocası evde yokken televizyondan filmlere bakardı. Dillerinden anlamasa bile filmde öpüşen, sevişen çiftleri görür bir hoş olurdu. Sık sık aynanın karşısına geçer aynadaki yansımasını öperdi. Daha önceleri hiç kimseyle öpüşmemişti Döne. Nasıl bir şey olabileceğini düşünemiyordu ta ki hayatına Yılmaz giresiye kadar.

Yılmaz, karşı komşuları Ayşe'nin dört yıllık kocasıydı. İşe birlikte gidip gelirlerdi. Yılmaz da onları iş yerine bırakır ve saat 21.00 de gelir alırdı. O akşam iş dönüşünde tramvay doluydu. Ayşe birkaç aylık hamileydi ve onu bir yere oturttuktan sonra ikisi ayakta kalmışlardı. Tramvayın sallantılarıyla birbirilerine çarpıyorlardı. Her seferinde Döne Yılmaz'ın nefesini yüzünde hissediyordu.

Yüzünde hissettiği nefes sanki Döneyi alevlerle sarıyor içi bir hoş oluyordu. O akşam birkaç kez vücutları birbirine değmişti. Hele en son on saniye kadar birleşik kalmışlar ve göz göze gelmişlerdi. Yılmaz Dönenin ince belinden tutarak bu pozisyonu daha da uzattı. Artık Dönenin alnı Yılmazın çenesine yapışmış yanakları al al olmuş ve sık sık nefes alıp vermeye başlamıştı. Burnunun üzeri ince ince terlemeye başlamıştı. Şimdiye kadar hiç böyle bir şey hissetmemişti. Şu on-on beş saniye hiç bitmese ne olurdu Yarabbi diye düşündü. Yılmazın belini kavradığı elini sol dirseği ile iyice, sıkı sıkı vücuduna bastırmaya başladı. Yılmaz'ın çenesindeki sakalları ince ince batıyordu alnına.

Döne artık akşamları iple çekiyor, sabırsızlığını yenemiyordu. Bu hissettikleri aşktı galiba. Ondan sonraki günlerde de Yılmaz tramvayda önce karısını oturtup yanına da Döneyi yerleştirirdi. Kendisi de Dönenin oturduğu koltuğun arka tarafına tutunarak ayakta kalırdı. Büyük bir zevkle Dönenin omuzlarını ve saçlarını okşardı. Ayşe'nin hamileliği son ayına gelesiye kadar bu böyle devam etti. Bir süre işe yalnız gidip geldi Döne. Tramvayla her şey kolaydı. Bindiği ve indiği durakları ezberlemişti. Bir tek çalıştığı yerde neler yapması gerektiğini anlatamıyorlardı ona. Bereket mağazada çalışan başka Türkler yarım yamalak bile olsa bu konuda ona yardımcı oluyorlardı.

Ara sıra sokağa çıkıp bakkala kadar gidiyordu. Hemen hemen her köşe başında Türklerin veya Faslıların açtığı dükkânlardan gereksinimlerini karşılıyordu. Yılmazlar tam karşı köşedeki dükkânın üzerindeki katta oturuyorlardı. Evlerinin önündeki küçük meydanı geçerken gözleri hemen onu arıyordu. Bazen pencereden bakar, bazen de bakkalın önünde beklerdi. Aralarında bir metre mesafe kalasıya kadar sevdiği erkeğin gözlerinden ayırmazdı gözlerini. Kimseye belli etmeden hafifçe tebessüm ederlerdi birbirlerine.

***

Sol yanağına isabet eden bıçak darbesiyle sendeleyerek yere düştüğünde kocası, Yılmazın üzerine hışımla atlamış ve onu acımasızca bıçaklıyordu. Bir iki hırıltıdan sonra Yılmazın sesi kesiliverdi birden. Oda kapısı şiddetle kapanmıştı. Merdivenlerde gittikçe uzaklaşan ayak seslerini duyuyordu sadece. Yanağından akan kanın sıcaklığını önce çıplak memelerinde, sonra da karnında hissediyordu. İkisi de çıplaktı. Gürültüye gelen komşular polis çağırmışlardı bile.

Ne yazık ki sevgilisi hastaneye yetiştirilemeden hayatını kaybetmişti. Yılmaz'la dört yıldır yaşadıkları yasak aşk bir kâbusla sona ermişti. Sevgiyi, aşkı, mutluluğu birlikte oldukları o yasak dakikalarda tatmıştı Döne. Birlikte oldukları o yasak gecelerde Yılmazdan duyduğu o güzel sözler artık çok uzaklarda kalmıştı. Belleğine kazınan o güzel sözler, bir teyp gibi dönüp duracaktı kafasının içinde. Birlikte oldukları dört güzel yılı, bütün yaşamı boyunca sadece o bilecekti.

Olay gecesi yakalanan kocası çıkarıldığı mahkemece 14 yıl hapse mahkûm edilmişti. Daha sekizinci yıl dolmadan kalp yetmezliği sonucu hapishanede öldüğünü öğrendi. Çocuklarını da Türkiye'deki yakın akrabalarının yanına göndermişlerdi.

* *Suat ÖZÖNDER*

Hastaneden çıktıktan sonra sosyal asistanların yönlendirmesiyle Döne'yi bulunduğu Belediye tarafından finanse edilen "dayak yiyen kadınlar" merkezine aldılar. Orada diğer mağdur kadınlarla birlikte yaşamaya başladı. Adeta bir okul, bir klinik gibiydi. Türlü el işleri, mutfak sanatı ve daha birçok kurslar vardı. Orada dil kurslarına devam etti. Artık bir başka dilden de derdini anlatabilecekti.

Belçika-Tienen
19.02.2013

BAHAR ve AŞK

Önce kırlangıçlar, sonra leylekler geldiler bahar gelmeden. Bahar müjdecileri bu yıl yanıldılar sanki. Bademler ve ilkyazın meyve ağaçları rengârenk bahar giysileriyle, defile podyumlarındaki mankenler gibi alımlı alımlı salınmaya başladılar. İşte erikler; bembeyaz çiçekli gelinliklerini giydiler. Sonra ılık ılık esen lodoslarla birlikte birdenbire papatyalar açıverdi. Sanki bu yıl papatyalardı ilkbaharı müjdeleme görevini üstlenen... Sevdalıların; "Seviyor... Sevmiyor..." fallarına baktıkları papatyalar. Yazlık için kullanılan bahçeli evlerin, daha çok güneş gören yerlerinde küçük küçük, kırlardaki düzlüklerde ise beyaz-sarı-yeşil renklerden dokunmuş kocaman, canlı renkli halılar gibi papatya tarlaları oluşmaya başladı. Bal arıları, bayram yeri gibi bahar müjdecisi çiçeklerin üzerine doluşuyor, bacaklarına yapıştırdıkları rengârenk polenlerle bir çiçekten bir başka çiçeğe uçuşup duruyorlar. Tarlalardaki ekinler ise yeşil bir deniz gibi dönümlerce uzayıp gidiyor, hele rüzgâr estiğinde; aynı bir yaban atı sürüsünün dörtnala koştuklarında yelelerinin bir o yana bir bu yana dalgalanmasına özenip sağa sola yatmaları da görülmeye değer bir başka bahar şenliği. Engin denize açılan sahillerdeki bu renk cümbüşünün içinde ufka baktığınızda, masmavi bir tuval üzerine hiç bir ressamın çizemediği güzellikte bir tabloyla çıkıyor karşınıza, saatlerce bakmaktan kendinizi alamıyorsunuz. Artık kara toprak çeşitli renklerle bezenmiş, geçirdiği kışın dinlendirdiği bedenini doğaya tamamen teslim etmiş. Bir iki hafta içinde gelincikler de bu defileye katılıyorlar diğer kır çiçekleri gibi... Ara ara yağan yağmurun arkasından beliren güneşle, tüm bitkiler daha coşkulu bir biçimde masmavi gökyüzüne alabildiğince uzanarak birbirleriyle yarış eder gibi boy atıyor. Artık gerçek bir renk cümbüşü, renkler defilesi gördüklerimiz.

Güneşte ve gölgede tüm renkleri değişik tonlarda görüp de âşık olmamak, kanı kaynamamak, şiir yazmamak, şarkı söylememek, sevdadan hafifleyip rengârenk kelebekler gibi kendini kanatlanmış, uçuyormuş gibi hissetmemek... Olur, mu hiç?

Sevdalanmak da bir bahar değil mi? O da bir başlangıç değil mi? Âşık olmak... Tüm güzelliklerin oluştuğu, her türlü çiçeğin açtığı, rengârenk bir hayatın başladığı, daha sonra meyveye dönüştüğü, sulanıp ballanarak geliştiği bir sürecin başlangıcı değil mi aşk? Bu süreç "sevgiye" dönüşesiye kadar dünyadaki en güzel duygu. Ama sevginin yeri de bir başka. Başlangıcın bitmeyen ucu.

Bahar yaza dönende, aşk da kalıcı bir sevgiye devrilecek... Sevginin yolu çok uzun... Renk renk, dalga dalga, çın çın!

Gönlünüzde açan papatyalar, gelincikler bol ve AŞK ola.

Sonbaharlarda bile yaşanacak nice sevi dolu baharlara!

Belçika/2015

ANILAR…

(bağlar)

Toprak yolun her iki tarafında bulunan bağların sınırlarını oluşturan hendeklerdeki karaağaçların gölgelediği yol gene serin ve hafif esintiliydi. Yaz sıcaklarında yakıcı güneşin altında yarım saat yürüdükten sonra sanki içinde nefes alınabilir bir denize dip dalmış gibi oluyor insan. İki-üç yüz metre uzunluğundaki bu serinlik bir ilaçtı sanki. Ağaçların koyu yeşil ve gür yapraklarından oluşan bu tünelin bitmesini hiç istemiyor, yüzlerce kuşun cıvıl cıvıl ötüşlerine, ağustos böceklerinin de eşlik etmesiyle sanki büyük bir orkestra dinlemenin sarhoşluğuna erişiyor, mutlu oluyor insan. Ara sıra ilerideki dağların eteklerindeki köylerine giden köylüler, at arabalarına binmiş gürültülü bir biçimde yanlarından geçiyordu. Aralarında yüksek sesle konuşup bazen de birer türkü tutturan köylülerin bu türkülerine atlarına taktıkları zillerin de sesi karışınca sanki bir karnavaldaymış gibi hissediyorlardı kendilerini. Bu sesler kaybolurken arkadan başka bir araba gelip geçiyor, aynı festivali tekrar yaşıyorlardı. Tek tük geçen küçük mobylette'ler kulağa pek hoş gelmeyen gürültü yapsalar da bu çabucak geçiyor, yerini ya doğanın seslerine ya da yolcuların nefeslerine terk ediyordu. Bağlardaki incir ağaçlarının en yüksek ve kurumuş ince dallarında öten sarıasmalar gerçekten de çok güzeldi. Sanki sarıasma ötünce diğerleri susuyormuş gibi sadece onun sihirli ıslığı duyuluyordu. Bazen de küçük kafilelerle geçen arıkuşlarının, "gırk gırk gırk" diye fıkırdaşmaları doğada tek başına, yapayalnız olduğu hissine kapılıyor, bir başka dünyaya taşıyordu onları.

*

Terden yamyaş olmuş ellerini birbirinden ayırmak istemiyorlardı. Arabalarla geçen köylüleri bile selamlarken ellerini bırakamıyorlar, biri sağ elini sallarken, diğeri sol eliyle selam veriyordu yoldan geçenlere. Sanki ikisinin de düşüncelerini sımsıkı birleşmiş elleri birbirine iletiyordu. Artık ikisinin de yürekleri ellerindeydi. Kenetlenmiş ellerinden aldıkları aşk dolu bu iletişim ikisinin de kanını sulandırmış, adeta sarhoş olmuşlardı. Bu aşk sarhoşluğu olsa gerek diye düşünmeden edemiyorlardı. Doğanın bu sihirli güzelliğine kendilerini kaptırmış hiç konuşmadan tozlu bağlar yolunda yürüyorlardı.

Birden tekrar güneşe çıktıklarını fark ettiler. Güneş çok sıcaktı, adeta yakıyordu. Biraz ileride yol üçe ayrılıyordu. Oradan sola dönüp eski ve bir bölümü yıkılmış bağ kulesine doğru yürüdüler. Gittikleri bağlar uzun zamandan beri terk edilmiş, mal sahipleri ölmüş ve mirasçıları da ilgilenmemiş bir yerdi. Bakımsızlıktan bağların içindeki evin kuzeye bakan çatısının bir bölümüyle mutfak olduğu belli olan kısmın duvarı içe doğru göçmüştü. Hafifçe aralık duran kapısından içeriye girdiler ve her zamanki pencere içine oturdular. Burası onların sık sık geldikleri cennetleriydi.

Tüm hayallerini süsleyen dileklerini birbirlerine anlatıp rüyalara daldıkları saraylarıydı. Burada birbirilerine en sevdikleri şarkıları söyler, sevdikleri şairlerden beğendikleri şiirleri okurlardı. Bu hayallerle dolu rüya âleminden daha güzel bir yer düşünemiyorlardı. Bu sarayda evlenmeyi, evlerinin burada olmasını, bahçelerinde çeşitli evcil hayvanlarının özgürce gezinmelerini görmek isterlerdi. Hatta ilk doğacak çocuklarının ismini bile burada koymuşlardı. Bir sürü kız çocukları, oğlan çocukları olsundu. İki de atları olsun diye düşünmüşlerdi çok kere. Hatta saraylarından şehre atlarıyla gidip gelmeliydiler. İlkbahar gelince bahçelerinde açan papatya ve gelinciklerden oluşan kırmızı beyaz doğal halının üzerine uzanıp çiçekten çiçeğe uçuşan rengârenk kelebekleri ve arıları seyretmeyi bile burada, bu pencere içinde hayal ediyorlardı.

Birbirilerini o kadar çok seviyorlardı ki, sanki bu sevginin kuvveti yıkık harabenin bir saraya ve kendilerinin de bu sarayın kral ve kraliçesine dönüştüreceğini düşünüyorlardı.

Duvarları çok kalın bağ kulesinin de pencere içleri çok derindi. Bir bölümü yıkık çatının ve oturdukları pencerenin hafif kırılmış kepenginden, evin önündeki sık ağaçların yapraklarından süzülen güneş ışınları çok hafifçe aydınlatıyordu bulundukları odanın içini. Karşı duvarda hala eskisi gibi sağlam duran yemek dolabının üzerindeki tabaklık hiç bozulmamıştı yıllardan bu yana. Sadece tozluydu. Dolabın kapaklarındaki ve her iki yandaki çekmecenin üzerindeki oymalar bir tarihi anlatıyor gibi loş ışıkta sessizce söyleşiyordu. Bu sessizliği bozmamak için ördüğü ağlarının içinde sessizce duran ve karnını doyurmak için sabırla bir sinek bekleyen örümcek, çatının küçük deliğinden giren ışık huzmesinin içinde bir o yana bir bu yana deli gibi uçuşan tozlar, tabaklıkta kalan, bir kısmı kırılmış ve kırık yeri rutubet ve tozdan siyahlaşmış bir porselen tabak aynı sessizlikle ve bin bir anıyla gülümsüyordu.

Dışarıdan gelen doğa seslerini saymazsak odadaki sessizliği bozan tek şey ikisinin hızlı hızlı nefes alıp verişleriydi. Sevdayla dolan kalp atışlarını sadece kendileri duyuyorlardı ama gene de onlar harap evin odasını bu seslerle doldurduklarını düşünüyorlardı. Sevdiğinin elini göğsünde hissettiği anda sanki hayat durmuş, tüm sesler kesilmiş sadece kafesinden fırlayacakmış gibi çarpan kalbinin sesi vardı. Yanakları al al olmuş şakakları zonklamaya başlamıştı. Sevdiği, diğer eliyle de omzundan tutup onu kendine doğru hafifçe çekince yaşamında ilk defa şimdi böyle bir hazza kapılmış olduğunu görüyordu. O da sırayla ilk önce sevdiğinin boynuna doladığı kolunu yavaş yavaş kendine doğru çekmeye başlamış, diğer eliyle de göğsünü tuttuğu elin üzerine koymuş sımsıkı bastırıyordu. Bir anda dudakları birleşivermişti. İkisi de tek vücut halinde pencere içinden yere kaymışlar ve sevişmeye devam etmişlerdi.

*

Yoldan geçen çocuklu bir ailenin çıkarttıkları gürültüyle kendilerine gelebildiler. Giysilerine ve kendilerine çeki düzen verip üzerlerindeki tozları temizlemeye başladılar. Yakındaki şehir'e kadar daha epey yolları vardı. Güneşin batmasına az kalmıştı. Gölgelik yol daha da kararmıştı. Evlerine dönen son köylüler de gerek arabalarıyla, gerek at ve eşekleriyle geçiyordu yanlarından. Hatta yan yana, konuşa konuşa gelen iki bisikletli onları görmeden geçip gittiler. Şehir'e gidecek otobüs az sonra gelecekti. İki sevgili önlerindeki güzel ve mutlu bir yaşamın hayalleriyle birkaç yolcunun daha beklediği durağa gelmişlerdi...

Tienen-Belçika
07.01.2016

ÇOBAN MUSTAFA

Çay bardaklarını ve kahve fincanlarını yıkarken derin derin iç çekerek burnunun üzerine indirdiği gözlüklerin üstünden bana bakmaya çalışıyordu Mustafa. Kolay değil seneye tam otuz yıl oluyordu gurbete çıktığı. Askerliğini bitirir bitirmez annesinin büyük ağabeyi tarafından Belçika'ya davet edilmişti. O gün bugündür devamlı çalışıyordu. Bir yandan yıkamasını bitirdiği bardak, fincan ve tabakları süzülmeleri için delikli rafın üzerine ters kapatıp, bir yandan da: -işte böyle ağabeyim- diyerek demlikteki çaydanlıktan biri bana biri de kendine iki çay doldurdu. Hemen sigara paketine sarıldı ama benim içmediğim aklına gelince mahcup bir çocuk edasıyla paketi tekrar aldığı yere bıraktı.

*

Akşamdan yağan karla her tarafı soğuk bir beyazlığa bürümüş, sabaha karşı inen sis de, süt maviye dönüştürmüştü koca ovayı. Mehmet, yoğun yağan karla kapalı olmasına rağmen yollarını bir yıldır ezberlediği köye doğru yürüyordu. Lastik çizmecikleri ile karlara bata çıka ilerlemeye çalışıyor, annesinin kuşluk için hazırladığı yiyeceğini düşünüyordu.- ah bir tarhana çorbası pişirse keşke- diye düşünürken ayaklarının çok üşüdüğünü hatırladı hemen. Yan tarafındaki yırtıktan giren kar suyu, çizmenin içindeki çorapsız ayağını donduruyordu adeta.

Onbir yaşında okuldan ayrılmak zorunda kalmıştı Mustafa. Yeni gelen öğretmen okulu ikiye bölmüş, sabahtan öğleye kadar bir, iki ve üçüncü sınıfları, öğleden sonra da dört ve beşinci sınıfları okutuyordu. Sadece iki sınıf vardı okulda ama bir tek öğretmen olduğundan sınıflardan biri kullanılmıyordu. Ama yeni gelen öğretmen köyün muhtarı ile şehre sık sık eğlenmeye gidiyor, öğrencilerin başına da karısını bırakıyordu. Haftada iki kez' den az olmuyordu öğrencilerin Sema yengeleriyle birlikte sınıfta beklemeleri. Kadının elinde kocaman kalın bir sopa, ses çıkartmamaları için ikide birde: -şimdi sopayı yersiniz ha!- tehditleri karşısında ne yapacaklarını bilemiyordu çocuklar. Böylece öğretmenlerinin devamsızlığı yüzünden Mustafa dördüncü sınıfta okulu terk etmek zorunda kaldı. Onbir yaşında da babası onu koyunların başına çoban yaptı.

Soğuktan ayakları yarı donmuş olarak eve girdiğinde, hem oturma odası hem de mutfak olarak kullandıkları bölümdeki maşinganın sıcaklığını alev alev yüzünde hissetti. Mis gibi tarhana çorbası kokuyordu. Çizmelerini kapıda çıkarmış kıpkırmızı ayaklarını yanan ateşe doğru uzatıp çorbasını kaşıklamaya başlamıştı. Şimdi koyunları falan düşünmüyordu. Kavruk Hasan'ın oğlu gelmişti nöbeti devralmaya. Üstü Sapancalarla kapalı ağılda altı yüz kadar koyun vardı. Ağılın etrafında da boyunlarında dikenli demir tasma takılı üç karabaş cinsi köpekleri vardı. On köylünün koyunlarıydı bunlar.

Onbir yaşındayken okuldan ayrıldığı neredeyse iki yıl olmaktaydı. O günden bu yana kır bekçiliği yapan Kavruk Hasanın oğlu, anne-babası, üç köpek ve koyunlardan başka hiç kimseyi görmemişti.

Babası geldiğinde Mustafa'yı maşinganın yanında mışıl mışıl uyurken buldu. Koca sobanın arkasına kuruması için yerleştirdikleri ıslak odunlardan çıkan hışırtılı sesle kendinden geçmiş oracıkta uyuya kalmıştı Mustafa. Annesi başının altına bir yastık koyup üzerini de örtmüştü. Karı-koca birkaç saniye yürekleri sızlayarak baktılar Mustafalarına. Böyle olmamalıydı oğullarının durumu, okumalıydı ve büyük adam olmalıydı O. Ama ne yaparsın ki hayat şartları daha fazla gayret etmelerine müsait değildi.

*

- Ağabey, ben insanları ilk kez askere gittiğimde gördüm. Bir de Belçika'ya geldiğimde insanlık gördüm - dedi çayını yudumlarken. – Buraya gelir gelmez büyük dayım beni akrabalarımızdan bir kızla evlendirdi. İlk önceleri lokanta ve kahvelerde temizlik ve bulaşık işleri yaptım. Karım da sabah ve akşam günde ikişer saatten dört saat temizlik işlerine gidiyordu. Evlendiğimizin ertesi yılı bir oğlumuz iki yıl sonra da bir kızımız dünyaya geldi.- diye hikâyesine devam etti...

***

Mustafa köylerinde tam dokuz yıl çobanlık yaptı. Çobanlığın tüm detaylarını öğrendi. Koyunlara ve köpeklerine büyük bir şefkat gösterirdi. Hiç birinin canları yansın istemezdi. Koyunlara kaval çalıp türküler söyler, sanki onları eğlendirirdi. Hatta koyunların doğumlarına kadar hep o yapardı. Şehre çok uzak olan köylerine veterinerin gelmesine bile gerek kalmıyordu. Kendi küçücük dünyasında sağlıklı ve mutluydu. O kadar sert bir iklimde hasta bile olmamıştı koskoca dokuz yılda.

*

Bitirdikleri çayları tazelerken: -Kızım dört yıl önce Üniversite'yi bitirdi ağabey. Büyük bir avukatlık bürosunda işe başladı ve iki yıl önce de çalıştığı iş yerinde bir avukatla evlendiler. Damat Belçikalı. Geçen yıl doğan çocuklarının adını da Mustafa koydular. Ne kadar mutlu olduğumu anlatamam.- diyerek hem gülümsüyor hem de göz pınarlarındaki biriken ve her an boşanmaya hazır gözyaşlarını elinin tersiyle siliyordu.

Evet, Mustafa Belçika'ya geldikten sonra çok şeyler değişmişti. Dar kafalı hemşerileri gibi düşünmüyordu. İnsan, ne olursa olsun, nerede olursa olsun aynıydı onun için. İnsanlık; dille, değişik düşüncelerle, din ile siyasi görüşlerle, değişik ırklarla, değişik cinslerle ölçülmemeliydi. Her insan doğduğu günde olduğu gibi özgür olmalıydı. Özgür yaşamalıydı. İşte bu nedenle iki çocuğunu da özgür bir biçimde yetiştirmiş, okumaları için ne gerekiyorsa hepsini yapmıştı. Bu bakımdan çok mutluydu.

- Ah ağabey, bacanağım ve ailesi yüzünden çok sevdiğim ve iki kıymetli yavrumun anneleri ile ayrılmak mecburiyetinde kaldık. Bizim ileri görüşlü ve insancıl yaşamımızı kıskandılar. Modern ama mütevazı bir hayatımız vardı. Bunu, yetiştikleri kültüre yakıştıramadılar. Aynı, memleketteki ilkel fikirlerle, kendileri gibi olmamızı istediler.

Böylece çok uğraşmama rağmen, dayım, bacanak ve yakınları tarafından kandırılan Sevim'den ayrıldım.- diye hala kıpkırmızı olan gözlerini ovuşturuyordu.

*

Maalesef Memleketimizdeki çeşitli baskılar, birçok mutluluğun, huzurun tadını kaçırıyor. Küçük yaştan itibaren korku salan din dayatmaları, namus dayatmaları, kadın-erkek ilişkileri hakkında yalan yanlış ne varsa yapılan dayatmalar, v.s... Bilhassa Avrupalılar hakkında anlatılan yalanlar... Bu konuda çok şeyler anlatıldı. Efendim, neymiş? Avrupa'da 14 yaşındaki kızlarla kolayca ilişki kurulabiliyormuş. Hem de cinsel ilişki! Avrupa'daki her kadın orospuymuş. Avrupa'da her şey serbestmiş (tabii cinsel açıdan). Hâlbuki memleketimizdeki olagelen şeyler görmezden geliniyor. Mesela dokuz yaşında bir kız çocuğuyla evlenilebiliyor. Neden? Tabii ki peygamber aynısını yapmış. Onu bırakın, bir sürü kuran kursuna katılan oğlan veya kız öğrencilere yapılan sarkıntılıklar ve tecavüzler. Çalışan kadınlara bir sürü pislik atarken, kendi kadınlarına her türlü torpille iş bulan siyasiler. İşte bizim Araplardan aldığımız ve üzerinde çok uğraşarak geliştirdiğimiz kültürümüz!

*

Mustafa, oğlunu da gazetecilik okulunda okutuyor. Bu yıl son senesi. Hiç sene kaybı olmadan okuyor. Boş zamanlarında da babasının on yıldan beri işlettiği "Dost Kahvesi"nde ona yardımcı oluyor. Bu arada en büyük hobisi de gitar çalmak. Akşamları Müzik Akademisinde öğrendiği gitarla sık sık konserler veriyor ve tüm çevresinin beğenilerini topluyor. Çok cici bir kız arkadaşı var. Belçika'ya uzun yıllar önce yerleşmiş Arnavut bir ailenin kızı. Sevgilisi de gazetecilik okuyor. Kendisinden bir yıl geride. Tek arzusu okulu bitirdikten sonra Cengiz'le hayatlarını birleştirip, en çok arzu ettiği, rüyalarına giren Ülkeyi, Türkiye'yi gezmek olacak.

*

Mustafa'nın anlattığı yaşam hikâyesi gözlerinin önünden bir film şeridi gibi geçiyordu. Gerçek bir yaşamdı bu. Saatine baktı. Vakit epey ilerlemişti. Kahvedeki müşteriler birer ikişer mekânı terk ediyorlardı. Bir ara Mustafa'ya baktı, o hala masaları topluyor, kahve ve çay bardaklarını yıkıyordu. Eve gitme zamanı gelmişti. Daha epey yolu vardı. Oturduğu masadan kalktı, askıdan paltosunu aldı, bir daha Mustafa'ya baktı ama o hala masalarla meşguldü. Kapıdan çıkarken içeriye bir gencin girdiğini gördü. Herhalde bu genç adam Cengiz'di. Babasına yardıma gelmişti.

Tienen-Belçika
03.01.2015

BEYAZ YOLCULUK

Tren, gara girdiğinde saat 23.30'u gösteriyordu.

Gün boyu devam eden kar, tren yol aldıkça tipiye dönüştü, hiç kesilmedi. Bu mevsimde çok doğaldı. Avrupa'nın kuzeyi kara teslim olmuştu. Dışarıda sıcaklık eksi 15 dereceyi gösteriyordu. Trenin penceresinden gördüğü manzara onu büyülüyordu. Küçük göller, çevresi karlı dağlarla çevrili ovaların ortasında puslu beyaz bir cam gibi duruyordu. Bu göllerde, buralara özgü ve çok lezzetli olan pembe alabalık yetiştiriliyordu.

Penceresinin önünden hızla geçen, insanda art arda devriliyor hissi uyandıran karlı çam ağaçları, devrilme konusunda birbiriyle yarış ediyorlardı sanki. Buz tutmuş göllerin üzerindeki insanlar, rengârenk giysileri, ayaklarında buz patenleriyle kaymıyor da kovalamaca oynuyorlardı sanki. Kuzey Avrupa köylülerinin vazgeçilmeziydi buz pateni. Kış geldiğinde gölleri çevreleyen yolları kullanmak yerine, buz tutmuş gölün üzerinden geçmek çok daha kolay oluyordu onlar için. İnsanlar, buzlu camın üzerine serpiştirilmiş rengârenk kurşun askerler gibi duruyordu.

Dağ yamaçlarına kurulu köylerdeki evlerin dik çatıları karla kaplıydı. İçlerinde yaşam olduğunun işareti, hepsinin bacalarından duman tütüyordu. Köy halkı kış boyu yakacak odunlarını sundurmaların altına istiflemişlerdi. Hemen hemen her evin bahçesinde yaprakları dökülmüş, çıplak dallarıyla meyve ağaçları vardı.

Trenin kaloriferleri iyi ısıtıyordu. Uyumamak elde değildi. Yine de, sürekli değişen manzaraya bakmaktan aklına uyku falan gelmiyordu.

Tüneller. Tünele girileceğini bildiren anonsa rağmen, bembeyaz bir dünyayı bırakıp karanlığa gömülmek dehşet verici oluyordu. Oysa tünel çıkışları, yeniden doğuş gibiydi. Saatlerdir alışılan beyaz dünya, her an değişen manzara trenin penceresindeki yerini tekrar alıyordu. İstasyonlar da görülmeye değerdi. Her istasyonda onlarca demiryolu hattı vardı. Köy istasyonlarında bile dizel motorlu veya elektrikli birkaç lokomotif herhangi bir arıza olasılığına karşı bekletiliyordu. Tren pencerelerine koşturan ve avaz avaz bağırarak simit, gevrek, salep satıcılarına hiç rastlamadı, hayret. Zaten peronlara yolcu bileti olanlardan başka kimse giremiyor, sadece uğurlamak için eşlik edecekler gişeden bilet alıp girebiliyorlardı. Trenler, anons edilen saatte girip çıkıyorlardı istasyonlara. Trene binmek için birbiriyle itişip kakışan kimseyi de göremedi. Trendeki tuvaletlerin temizliği ve temiz tutulması en çok dikkatini çeken şeydi. Ara ara kahve, çay ve çeşitli sandviç satan bir tren görevlisi tertemiz bir biçimde düzenlenmiş camla kaplı arabasıyla yolcuların arasından gelip geçiyor ve hizmetinde kusur etmiyordu. Yol boyunca trene tehlikeli bir biçimde yaklaşarak "gasteee, gasteee" diye bağıran bir tek çocuk görmemişti.

Öğlen yemeği anonsu yapıldığında trenin lokantasına gitti. Birinci sınıf bir lokantayı aratmayan salonda bütün masalar dolmuştu. Ancak lokantanın şef garsonu ona sadece bir kişinin oturduğu masayı gösterdi. Aperitifini alırken bu kez gidiş istikametinin tersine oturmuştu. Manzaranın gittikçe küçülerek uzaklaşması da bambaşka bir şeydi. Kocaman ağaçlar gittikçe küçülüyor, yenileri büyük bir sabırsızlıkla küçülüp kaybolanların yerlerini alıyordu. Karşısında yaşlı bir bey oturuyordu. Beyaz saçları itina ile taranmış, yüzündeki gülümsemesiyle belli bir seviyede olduğunu gösteriyordu. O da kadehini bu karizmatik ihtiyara doğru kaldırıp "şerefe" dedi. Adam gayet kibar bir biçimde gülümseyerek; "prost" diye cevap verdi. Yemek boyunca hiç konuşmadılar, sadece ara ara birbirlerine gülümseyerek içki kadehlerini kaldırdılar.

*

Büyük bir ormandan geçiyordu tren şimdi. Arada düdüğünü çalıyordu. Aynı anda hoparlördeki ses, pencereden dışarı bakılırsa ren geyiklerinin görülebileceğini anons ediyordu. Gerçekten de bir süre sonra ren geyikleri oradaydı işte. Tek olanlar adeta bir heykel gibi hiç kımıldamadan duruyor, sürü halinde olanlarsa ağır ağır yürüyorlardı. Orman görevlileri tarafından düzenli bir biçimde ormanda yaşayan tüm hayvanlara yem veriliyordu. Hayvan sevgisi en üst seviyeye ulaşmış bir toplumun yöneticileri bu problemi gerektiği gibi halletmişti. Lokanta'dan çıktıktan sonra, treni baştan sona gezmek istedi. Yeni yeni insanlar görüp tanıyacaktı böylelikle. Yolcular kendi halinde, kiminin elinde kitap, kiminin elinde gazete... Karşılıklı oturmuş sevdalılar, birbirlerinin gözlerine bakarak söyleşiyor. Kimi yolcularsa en tatlı uyuklarında. Arada, ilginç buldukları manzaraları fotoğraf karelerine ekleyenler... Fotoğrafçılık onun da çok ilgisini çeken bir hobiydi.

Yazın arkadaşıyla fotoğraf çekmişlerdi Türkiye'de bol bol. Elinden geldiğince onu gezdirmiş, Ören yerlerine ve doğaya götürmüştü. Hele Ege'nin dantel gibi kıyılarını gördükçe hayretler içerisinde kalan Stephan'a kıyı köylerindeki yaşamı da tanıtmıştı. Öğrendiği Türkçe kelimeleri art arda kullanırken yüzü kızarıyordu Stephan'ın. Bir gün de tekneyle balık avlamaya gitmişlerdi onunla. Rakıyla ilk defa o akşam tanışmıştı Stephan. Aklına valizindeki rakı şişesi geldi. Stephan'a götürüyordu. Birkaç ay önce tanıştığı arkadaşı Stephan onu Noel tatili için memleketi İsveç'e davet etmişti. Tekrar karşılaşacağı için heyecanlıydı...

Yerine döndüğünde hava kararmaya başlamıştı. Gün ışığı azaldıkça dışarıdaki karın rengi yavaş yavaş beyazdan mora dönüyordu. Koyu gri renkli bulutlar, karlı dağların üzerine kalın örtüsünü sermişti. Gerçekten de görülmeye değer bir renge bürünüyordu şimdi doğa. Elektrik direklerindeki sarı ışıklar yolları aydınlatmaya başlamıştı bile. Uzaktan, oyuncak gibi görünen evlerin pencerelerinden süzülen donuk sarı ışıklarsa bu güzel tabloyu daha da tamamlıyordu.

Büyük Şairin dizeleri geldi aklına.

"Memleket mi yıldızlar mı
Gençliğim mi daha uzak?
Kayınların arasında,
Bir pencere sarı sıcak."

Alnını pencereye dayamıştı. İçerideki ışığın da etkisiyle dışarıyı göremiyordu artık. Siyah bir aynaya dönüşmüş camdan kendini görüyordu yalnızca.

Bu arada telefonuna bir mesaj geldi: " Seni, ailemle garda bekliyoruz. Stephan."

Tienen-Belçika
22.12.2012

BİR DERS YILI

İki çeşmelik semtine daha yeni taşınmışlardı. Dik bir yokuşun bitiminde, daracık sokağın köşesindeki Rum evinin üst katını kiralamışlardı. Dört arkadaştılar. Taşradan İzmir´e okumaya gelmişlerdi. Alt katta ev sahibi ihtiyar karı-koca oturuyordu. Kira sözleşmesinde, ev sahibi yaşlı teyze, masrafları onlardan olmak şartıyla her gün yemeklerini hazırlıyordu. Böylece lokantaların hem pahalı hem de nasıl hazırlandığını bilmedikleri yemekleri yemek zorunda değildiler.

Ev sahibi yaşlı teyze'nin "fasulye pilakisi" enfesti doğrusu. Tadına doyamazlardı. Onun için de her hafta mutlaka bir kez yerlerdi bu güzel pilâki'den. Pazar akşamları da memleketten döndüklerinde, pirinç çorbası, tavuklu pilav ve irmik helvası veya üzüm hoşafı olurdu sofralarında. Ev sahibi amca, pamuk gibi bembeyaz sakallı ve her zaman güler yüzlüydü. Yüzündeki kırışıklar ona büyük bir âlim havası veriyordu. Çok okumuş biriydi. Oturma odalarındaki kitaplıkta yüzlerce kitap vardı. Çoğu eski Türkçeydi.

Çok kalın olan gözlük camlarından dolayı zaten küçücük görünen gözleri, gülümseyince daha da küçülürdü. Kulakları çok ağır işitiyordu. Onun için evde hep yüksek sesle konuşulurdu. Bazı akşam yemeklerinde hep birlikte otururlardı sofraya, yemekte balkan harbi ve kurtuluş savaşından anılarını anlatırdı güler yüzüyle ihtiyar. Atatürk hayranıydı. O'ndan bahsederken sanki karşısındaymış gibi "hazır ol"a geçerdi. Genç kiracılar nedense o'na hep "dede" diye hitap ederlerdi. Çocukları olmamıştı. "Teyze" de Giritli idi. Onun için zeytinyağlı yemekleri çok lezzetliydi herhalde... İlk mübadelede İzmir´e gelip yerleşmişlerdi.

Mahalleye taşındıklarının ikinci gününden itibaren civar komşular "hoş geldin" ziyaretine gelmeye başladılar. Mahallede tek bekâr onlardı. Komşular, şüpheci ve meraklı değillerdi. Dostça ve sıcacık bir biçimde ilgilenirlerdi onlarla. Yavrum, evlâdım, çocuğum diye hitap ederlerdi. Tertemiz insanlardı. Hemen hemen hepsi İzmirli veya yakın kasabalardan göçüp gelmişlerdi oraya. Daha henüz doğudan göç furyası başlamamıştı... Bir hafta kadar süren bu ziyaretlerde elleri hiç boş gelmemişlerdi. Büyük sinilerin içinde yemekler, fındık-fıstık-ceviz ve çeşitli kuru yemişler, tatlılar, v.s... Bu bir âdetti. Memleketimizin bu güzel âdeti hâlâ devam ediyor mu acaba?

Gençler her sabah saat 8´e doğru evden ayrılırlardı. Pek fazla uzak olmadığı için okullarına yayan giderlerdi. İkisi İzmir Ticaret Lisesi'nde, biri Atatürk Lisesi'nde, sonuncusu da İzmir Namık Kemal Lisesi'nde okuyordu. Önlerinde uzun yıllar vardı daha. Ama hepsi de iddialıydı.

İkiçeşmelik'in o daracık sokaklarında hayat her gün daha sabahtan başlardı. Bazı evlerin daha henüz suyu olmadığından, ev hanımları sokak çeşmesinden su alırlardı.

Karşı evin köşesinde bir sokak çeşmesi vardı. Su kovası ve tenekelerini dolduranlarla, sırada bekleyen komşular arasında günün ilk muhabbeti başlardı. Öyle bir muhabbet kaynatırlardı ki sorma gitsin... Sabah sabah başladıkları ev işlerinin taa gece yarısına kadar devam ettiğini, ev işlerinin hiç bitmediğini... Sağ olsun beyleri pek yardımcı olmazlardı. Ama olsun, ne de olsa onların eline bakardı çoluk çocuk. Eski evlerde oturdukları için her gün silip süpürürlerdi ama yine de tozdan geçilmezdi. Ne yapsınlar. Kocalarının aldığı aylık ancak böyle evlerde oturmalarına yeterdi. Aah, bir de içkileri olmasa... Her akşam rakı sofrası hazırlamak öyle çok ta kolay şey değil yani...

***

Alt köşedeki evin zemin katında garson Hasan'lar oturuyordu. İki oda bir mutfak, küçücük bir ev. Üç yıllık evliydiler ama daha şimdiden iki tane çocukları vardı. Aralarında bir yaş ya vardı ya yoktu. Ali ve Aslan. Hatice, evin avlusu olmadığı için her gün iki kez yıkadığı çocuk bezlerini, kocasının iki pencere arasına gerdiği çamaşır ipine sererdi kurutmak için. Yağmur yağdığı zaman ise yatak odasındaki yanan sobanın etrafına sıraladığı sandalyelerde kurutulurdu bezler. Tertemiz, bembeyazdı hep çamaşırları Hatice'nin, ak pak...

Hasan hapisten çıktıktan sonra evlenmişlerdi. Bergama Hapishanesi'nden çıkar çıkmaz İzmir'e çalışmaya gelmişti. İşini büyük bir ciddiyetle yaptığı için çabucak sevdirmişti kendini patronuna. İşe başladığının daha ikinci haftasında bu evi kiralamıştı. Hatice'yi bu eve gelin getirdi işte. Hatice'yi Bergama dağ köylerinin birinden kaçırmıştı. Bu köy bir Çetmi köyüydü. Çok sevdiği bir arkadaşının düğününde görmüştü, görmüştü ve beğenmişti Hatice'yi. Uzun süre arkadaşının karısı vasıtası ile haberleştiler. Daha 18´inde bile değildi Hatice. Doğuştan sürmeli o güzel elâ gözlerle bakmasaydı Hasan´a, bütün bunlar başına gelmeyecekti, ama olsun varsın... Zor da olsa, hapiste bile yatmış olsa, kavuşmuştu Hatice´sine. Hasan´ı kız kaçırmaktan hapse atmışlardı hemen ilk celseden sonra. Ama daha hapisliğinin ikinci ayında kız tarafının affetmesi ve Hatice'nin gönlüyle kurtarmıştı paçayı. O, onundu artık, karısıydı, tosun gibi iki oğlunun anasıydı.

Hatice üç yıl evlilik ve iki çocuk anası olmasına rağmen, daha da güzelleşmiş, olgun ve ballı bir meyve gibiydi. Hasan'ın onu sevdiği kadar o da Hasan'ı çok seviyordu. Hapisten çıktığının dördüncü haftasında evlenmişlerdi. Ve Hatice bu eve gelin gelmişti.

Hasan çok çalışırdı. Sabah erkenden, garsonluk yaptığı kahveyi açar, temizler, çay yedeğini doldurur ve altını yakardı. Kahveye gelirken simitçilerden aldığı simidi de ilk demlediği çayla yerdi. Hemen hemen her iş ona bakardı. Gece yarısına kadar süren bu koşturmaca sonunda evine yorgun argın dönerdi. Eee, iki kadehçik rakı hakkıydı şimdi... Kendi halinde, fakir bir çilingir sofrası... oh, gel keyfim gel. Bütün günün yorgunluğunu ancak böyle atabiliyordu üzerinden. Hatice köyde ilkokulu bitirmişti. Çetmi'ler daha ileri görüşlü oluyordu nedense. Okumayı severdi. Kocası ufak ufak demlenirken o da kahveden gelen gazetelerdeki haberlere şöyle bir göz atardı. Nasıl oluyordu da bu kadar haber yayınlanıyordu her gün bu gazetelerde? Nereden buluyorlardı bu kadar haberi?

Hasan iki kadehten fazla içmezdi. Sınırını bilirdi. Ama rakı faslını bitirdikten sonra bir "çift kâğıtlı cigara" mutlaka içerdi. Yatak odasında banyo olarak kullandıkları dolap kapısının üzerine itinayla sakladığı teneke kutudan bir parça esrar alır, "Bafra" paketinden iki sigara çıkarır, sigara kâğıtlarının yapıştığı yerleri diliyle güzelce ıslatır, biraz bekler, sonra parmağıyla sigaranın bir ucunu kapayarak diğer ucundan hızlıca üfledi mi sigara kâğıdı açılıverirdi. İki kâğıdı yine yalayarak birbirine yapıştırır, üzerine önce biraz tütün sonra da ufaladığı esrarı güzelce serip küçücük bir seker külâhı gibi sarardı. Ucuna da zıvanasını taktı mı, iş cigaralığı yakmaya kalırdı Dumanları hızla ciğerlerine çektiği zaman, sanki büyük bir işkence görüyormuş gibi ıstırapla buruştururdu yüzünü... Bir müddet ciğerlerinde tuttuğu dumanı yavaş yavaş dışarı üfler, dumanlar arasından güzel Hatice´sine zevklenerek bakardı. Bal kavanozu gibiydi Hatice... Davetkâr vücudu taş gibiydi. Gözleri buğuluydu. Güya gazete ile meşgulmüş gibi numara yapardı. Hatice de duygulanırdı her seferinde. Kalbi küt küt atardı ve düşündükçe içine tatlı tatlı bir şeyler akardı sanki. Güldüğü zaman, gamzeler oluşan yanakları pembeleşirdi. Dolgun göğüsleri yerlerinden fırlayacakmış gibi kabarıp inerdi. Hasan bunları hep görürdü süt mavisi dumanların arasından. İkisinin de içinde bir şeyler kıpır kıpır kıpırdardı. Ne hoş bir duyguydu bu, ya rabbi! Tanrı ilk insanları yarattığında sanki öncelikle bu duyguları vermiş... Âdem ve Havva da nasıl arzularına yenik düşmüşlerdi...

*

Hasan, şehvetin doyumuna ulaşmış bir şekilde yatak odasındaki sobanın üzerinde duran ısınmış suyu alıp, banyo olarak kullandıkları dolaba girdi. Hatice´nin şehvet dolu kokusunu kaybetmekten korka korka yıkanmaya başladı. Hatice ise içindeki tatlı sızıyı sanki hissedermiş gibi iki elini karnına bastırmış hareketsizce yatıyordu.

***

Havalar ısınmıştı artık. Mayıs sonları, sınavlar bitmiş okulların kapanmasına az bir zaman kalmıştı. Taşralı gençler başarılı bir ders yılı geçirmişlerdi. Sınıflarını doğrudan geçmişlerdi. Bütünlemeye kalıp yazı ders çalışmakla geçirmeyeceklerdi. Yaz tatilini fazlasıyla hak etmişlerdi. Deniz, sinema ve her türlü eğlence haklarıydı artık... Anlaşmışlardı dördü de, seneye yine ayni evde kalacaklardı. Böylece ağustos ayında açılan İzmir Fuarı´na birkaç günlüğüne gelebileceklerdi. Zira yatacak yerleri vardı.

Son gün, valizlerini hazırlayıp komşulara veda ettiler. Pamuk sakallı "dede" ve "teyze"nin ellerinden öpüp sokağa çıktılar. Hatice çeşme başındaydı gene. Karnı fark edilir bir şekilde büyümüştü. İki yanağını çukurlaştıran gülümsemeyle genç delikanlılara güle güle derken Ali ve Aslan gelecek yeni kardeşlerinden habersiz, liseli ağabeylerinin arkasından bakıyorlardı.

BANA YAĞMUR GÖNDER

Birkaç gündür yağan yağmur doğayı örten beyaz perdeyi yavaş yavaş kaldırdı. Sonunda, uzun zamandır beklenen güneş bugün yüzünü gösterdi. Parklardaki çayırlar mutluluktan gülen, güldükçe yaşarmış yeşil gözler gibi ışıl ışıldı. Hafif eğimli yerlerde, yağan yağmurla eriyen kar sularının bulduğu incecik kıvrım kıvrım yollardan pırıl pırıl akışları görmeye değer. Parktaki bitkilerden oluşan çitlerin diplerinde kalan son kar yığınıları da kendini önce yağmura sonra da açan güneşe teslim etmiş erimeye devam etmekte. Yaprakları tamamen dökülmüş ve üzerlerinde bin bir çeşit kuş barındıran çınar, kestane ve meşe ağaçları sabahtan beri açan güneşe sanki gülümsüyorlar. Kocaman kargalar ve daha ileride saksağanlar yağmurla eriyen karların olduğu yerde kaybolan yiyecekleri eşelemeye başlamışlar bile. Saksağanların beyaz tüyleri, yeni yıkanmış patiska bez gibi bembeyazdı ve üzerlerine vuran güneşle parlıyordu. Biraz ilerideki yapay göle inip kalkan martıların çığlıkları gölde sakin sakin yüzen yaban ördeklerinin kahkahalarına karışıp gidiyordu. Tavus kuşlarının muhteşem renklerle bezenmiş kuyrukları güneş altında ve koyu yeşil çayırın üzerinde bir başka güzeldi. Biraz ileride, tavuk ve horozların açık havada tellerle çevrili kümesleri vardı. Göletten gelen martı-ördek seslerine horozlar da öterek eşlik etmekteydi. Vokalden oluşan orkestrayı tamamlayan diğer kuşların sesleri; "işte doğa işte biz" der gibi devam etmekte... Havada bir yükselip bir alçalarak uçan karatavuklar, yemyeşil çam ağaçlarına konup usta bir neyzenin neyinden çıkan sihirli nağmeler gibi öttükten sonra ıslak yeşil çayırlara iniş yapıyorlar. Onların derdi de toprak altından solucan çıkarmak. Zıplayarak toprağa daldırdıkları gagalarıyla birkaç denemeden sonra mutlaka bir solucan bulup gene havada yatay kavisler çizerek, geldiği çam ağaçlarında kayboluyorlar. Bir çift kuğu da vakur edalarla ağır ağır göle doğru yürürken çevresindeki ördekler, mağrur kral ve kraliçelerine yol verir gibi sağa sola açılarak çekiliyorlar. Kuğular gölde ilerlerken arkalarında bıraktıkları iz, iki tane büyük ve gittikçe uzayan V harfi meydana getiriyordu. Bu uzayıp giden V harfini oradaki ördekler sanki bozmak istemiyorlarmış gibi diğer yönlerde yollarına devam ediyorlar.

Çamlardan inen sincaplar da çayırın yakışıklılarındandı. Onlar da ya büyük kestane ağaçlarının altında yere düşmüş kestanelere, ya da banklarda oturanlardan fındık fıstık alabilmek için koşuşup duruyorlar. Buldukları yiyeceği art ayaklarının üzerinde dümdüz durarak iki eliyle ağızlarına götürmeleri tam fotoğraflık pozlardı.

Yapay gölün kenarındaki banklarda tek tük insanlar oturmakta, oradaki tüm kanatlıların yemeleri için plastik torbalarının içerisinde getirdikleri ekmek parçalarını göle doğru atmaktalar. Her seferinde atılan ekmeklere ilk ulaşan ördekler oluyordu. Gagalarının ucu ile aldıkları ekmek parçasını suyun içine sokup sanki mırıldanıyorlarmış gibi iyice didikledikten sonra yutuyorlardı. Hele uzakta olup ta suya yiyecek bir şeyler atıldığını gören ördeklerin uçarak gelmeleri ve suya iniş yapmaları bambaşka zevkli bir şeydi. Adeta bir deniz uçağı gibi ilk önce suya vuruyor ve ilerledikçe iki yana doğru büyük dalgalar oluşturuyordu.

Çocuk oyuncaklarının da yer aldığı parktan, çocuklar da nasiplerini alıyordu. Güneşten istifade ederek aile büyükleri ile parkta oynamaya gelmişlerdi. Kimileri büyük anne ve büyük babalarıyla, kimileri de anneleri veya babalarıyla gelmişler her biri değişik oyuncakların başında cıvıl cıvıl oynuyorlardı. Parkın içindeki esnaf ta böyle günleri iple çekerdi. Bisküvi, çikolata, patates cipsi, sıcak ve soğuk içecekler. Bilhassa kış aylarında sıcak çikolata içerdi ço-cuklar. Büyüklerinin aldığı şeylerin hepsini yiyemeyen çocuklar doğru ya göl kenarına, ya da tavuk kümesine gidip hayvancıklara verirlerdi. Böylece daha çocukken hayvan sevgisine alıştırılıyorlardı. Buralarda başıboş hayvan göremezsiniz hiç. Bilhassa köpekler sahipleri tarafından tasma ve zincire bağlı bir biçimde gezdirilir. Parkların çoğunda köpek tuvaletleri bulunur, yoksa da herhangi bir yerde ihtiyaçlarını gördükleri zaman, sahipleri ellerindeki plastik torbayla hazır beklerdi.

Bir anda Türkiye geliverdi aklına. Bir aydan fazla olmuştu oralardan ayrıldığı. Görevi dolayısıyla daha birkaç ay kalması gerekiyordu. Tam da lüfer zamanı şimdi diye ge-çirdi içinden. Yanında rakı ve roka salatası... Kim bilir Ege sahilleri ne güzeldi şimdi. Karakışın ortasında bile sık sık güneşli olurdu hava. Kuzey Egenin fırtınalı, gök gürültülü yağmurları ne kadar şiddetli yağarsa yağsın, kısa bir süre sonra yerini sakin güneşli ve tertemiz bir havaya bırakırdı mutlaka. Çok ender de olsa, kar yağışı büyük bir şenlik gibi karşılanırdı Kuzey Ege'de. Avrupa'nın soğuk Ülkelerinde kar da yağsa yağmur da yağsa uzun süre devam ediyor. Haftalarca sürecek monoton bir beyazlık veya puslu, kapalı bir gökyüzü. Bizim toplumumuzun sıcakkanlı yaklaşımı gibi olmuyor kar yağınca buralarda. Oysa bizim İzmir'imiz de kar yağdığında genç yaşlı demeden herkes sokaklara dökülüp en azından bir kartopu sıkıştırarak zevk alıyor ve bu kısa süreli mutlulukla havalara uçuyor.

Bir saatten beri şehrin kuzey tarafından gelen bulutlar, yavaş yavaş yoğunlaşmaya başlamıştı. Bulutlar koyu gri renge bürünürken sertçe esen rüzgâr da peşinden gelecek yağmuru haber veriyordu. Fotoğraf makinesini ve bankın önünde bıraktığı eşyalarını topladı. Otomobiline bindiği zaman yağmur hafif hafif çiselemeye başlamıştı bile. Eve dönünce bahçeye bakan büyük pencerenin önünde oturdu. Bir süre yağmuru seyredecekti. Gittikçe şiddetini artıran yağmur teras taşlığına vurdukça pencereye kadar sıçrıyordu sular. Bahçede oluşan küçük su birikintilerine düşen damlacıklar kabarcıklar oluşturuyor, bunların üzerlerine düşen diğer damlalarla patlayıp gittikçe genişleyen halkacıklara dönüşüyordu. Birden aklına bir gece önce telefonla konuştuğu arkadaşı geldi. "Havalar burada çok yağışlı geçiyor" dediğinde; o da; "o zaman buraya biraz yağmur gönder" demişti.

Tienen-Belçika
03.01.2013

ÇOCUKLUK MACERASI
(bağlar)

Ta uzaktan gülümsemesini görmüştü. Sanki gülümseme değil adeta kahkahalar atıyordu büyük bir sevinç içinde kendisine doğru koşarcasına gelirken. Bir elindeki büyükçe çantasını taşırken diğer elindeki naylon poşetlere rağmen el sallamaya çalışıyor, bu da onun dengesini bozuyordu. Yaklaştıkça, o da heyecanlanmaya başlamıştı. Okuldan mezun olduklarından beri birbirlerini hiç görmemişlerdi. Bir hayli kilo aldığı belli oluyordu koşarken. Vücudundaki fazlalıkların her adımda hoplayıp zıplaması da bunun kanıtıydı. Geçen uzun yılların hasretini sanki bir anda gidermek istercesine birbirilerine sımsıkı sarılmışlardı. Birlikte hava alanındaki bir kahvede oturup birer içki istediler. Sanki dilleri tutulmuş, konuşamıyorlardı heyecandan. Ne olup bittiğini, uzun yıllardan sonra tekrar bir arada olmalarını birbirine gözleriyle anlatmaya çalışıyorlardı.

***

O sabah erken kalkmaları gerekiyordu. Ava gideceklerdi. Akşamdan, Bağlarda hem bekçilik hem de bahçıvanlık yapan, ailenin bir ferdi gibi bildikleri Tevfik ağabeyleri ertesi gün neler yapacaklarını gene bir bir anlatmıştı. Onlar sadece Tevfik ağabeylerinin bir metre kadar arkasından yürüyecekti. Mümkün olduğu kadar az ses yapmaları gerekiyordu tabii.

Henüz güneş doğmadığı için temmuz ayının ortasında olduğu halde epey serindi hava. Üşümemek için uzun pantolon ve ceket giymişlerdi. Sessizce yürüyebilmek için epey dikkatli davranıyorlardı. Civardaki zeytin ve meyve ağaçlarından gelen cırcır böceklerinin cırlaması bir patiska bezin yırtılmasından çıkan ses gibi karanlığı parçalıyordu sanki. Ara ara sessizce uçan yarasaları ancak başlarının üzerine kadar yaklaşınca fark edebiliyorlardı. Civardaki bağların tüm köpekleri bazen hep birlikte bazen de teker teker karanlıktaki sessizliği bozuyordu. Az ileride yol kenarındaki Rumlardan kalan taş binanın çatısında bir baykuş ara ara ötüyor, bir diğeri de uzaklardan ona cevap veriyordu. Sonunda uzun uzun anıran eşeğin sesi tüm diğerlerini bastırmıştı. Karanlıkta kül rengini andıran Bağların toprak yolları rutubetli bir serinlik yayıyordu etrafa. Hele yol kenarında yükselerek bağları çevreleyen hendeklerdeki kurumuş otlardan gelen baygın baygın rutubetli ot kokuları başlarını döndürüyordu. Tevfik ağabey uzun boylu ve incecikti. Av tüfeğini sağ omuzuna asmış gençliğinde geçirmiş olduğu bir hastalık nedeniyle aksayarak ama dimdik yürüyordu. Ayaklarındaki asker postalı gibi potinler onu daha da uzun gösteriyordu.

Bir süre böylece yürüdüler. Tevfik ağabeyin devamlı bahsettiği, Bağların bittiği son hendeğin köşesindeki Rumlardan kalma yaşlı badem ağacının altına geldiklerinde tan yeri atmaya başlamıştı. Sabahyıldızı hala gökyüzündeydi. Bağların doğusunda ufukta mavimtırak bir pembelik belirmeye başladı. Karanlık tamamen kalkmamasına rağmen her yer yavaş yavaş ağarıyordu artık. Ağaçlar, uzaktaki bağ kuleleri hayaletlerin siluetleri gibi belirginleşiyor, sabahı müjdeliyordu. Pembelik yavaş yavaş açılıyor, mavilik te donuk bir beyaz renk alıyordu. Az sonra güneş doğardı artık. İşte bu yaşı yüz yıldan az olmayan ulu bademin altında, sırtlarını ağacın kalın gövdesine dayayıp oturdular ve beklemeye başladılar.

Gözleri Tevfik ağabeylerindeydi. Başını hiç oynatmadan bir heykel gibi sadece gözleriyle civarı tarıyordu. Bu bir "bek avıydı". Gelen tavşanları artık görebileceklerdi. Hafif bir rüzgâr esiyordu gün doğusundan. Tavşanlar da doğu tarafından gelecekleri için insan kokusu alamayacaklar ve avcılara hiçbir şey hissetmeden yaklaşacaklardı.

Çok heyecanlıydılar. Nefeslerini tutmuşlar, büyük avcının adeta heykelleşen hareketsizliğine dikkatle bakıyorlardı. O anda Tevfik ağabeyin hafice kımıldandığını ve boynunu uzatarak bir tek noktaya odaklandığını gördüler. Çiftesini ağır hareketlerle sağ omuzuna götürmüş ve her iki horozunu da kaldırmıştı. Çok hafif "trik" sesi duyulmuştu sadece. Tüfeğin doğrultusuna doğru bakınca, çok ileride iki tavşanın oynaya oynaya kendilerine doğru geldiğini gördüler. Heyecanları doruktaydı. O sessizlikte kendi kalp atışlarını duyuyorlardı. Önlerindeki tütün tarlası tavşanların en çok sevdiği ve tütün saplarını kemirerek karınlarını doyurduğu yerdi. Oynaşmalarına ara verip tütün saplarını kemiriyorlar, sonra oynaşmaya devam ederek koca badem ağacına yaklaşıyorlardı. Kısa bir süre sonra tavşanların uzun kulakları ve yumuşak makyaj ponponlarını andıran kısacık kuyrukları belli olmaya başlamıştı. Arada bir oturup sağı solu izliyorlar havayı kokluyorlardı. Şimdiye kadar ilk defa bu kadar yakından görüyorlardı yaban tavşanlarını. Tevfik ağabeyin nefesini tuttuğunu ve iyice kasıldığını fark ettiler, ardından da kulaklarının uzun süre çınlamasına neden olan "güm" sesini duydular. Tavşanlardan biri cansız yatıyordu diğeri de şaşkın bir biçimde geldiği yöne dönüp koşmaya başladığında ikinci bir patlamayla yerde sürüklenerek hareketsiz kaldı. Uzaktan köpekler gene birlikte havladılar. İlerideki çınar ağacında yuvalanmış kargalar çığlık çığlığa bağırıştılar uzun uzun. Birkaç at kişnemesi ve tekrar sessizlik.

Güneş iki mızrak boyu yükselmişti bağlara döndüklerinde. İkisi de birer tavşan yüklenmişler, buruk bir sevinçle büyük kapıdan girmişlerdi bağ avlusuna.

Birilerinin karnını doyurması için diğerlerinin mutlaka ölmesi mi gerekiyordu? Ama Atalardan gelen bir anane olan avcılık ta oradaydı işte. Bazı adetlerden vazgeçilemiyordu nedense.

İkisi için yıllar boyu unutamayacakları bir maceraydı bu tavşan beki.

Evdekilerde hareket yoktu. Günlerden Pazar olduğundan henüz uyanmamışlardı. Tevfik ağabey ellerindeki iki tavşanı da alıp onları tekrar yatmaya gönderdi. Daha çok erkendi, güneş yeni doğmuştu ve çocukların uykuya ihtiyaçları vardı. Sessizce bağ kulesine girip yattılar. Kepenkler kapalı ama pencereler açıktı hep. Doğu tarafındaki kepenklerin çatlaklarından yatak odasına birer hançer gibi giren gün ışığına incecik tozlar sızıyor, minik yıldızlar gibi telaş içinde bir o yana bir bu yana gidip geliyordu. Başta serçeler olmak üzere, kumrular ve diğer kuşlar ötmeye başlamışlardı. Uzunca bir süre uyumak için yer yataklarında bir o yana bir bu yana dönüp durdular. İki tavşanı, belki de geride bıraktıkları yavrularını düşünüp durdular ve sonunda Bağların tam uyanmaya başladığı anda onlar tekrar uykuya daldılar.

Saat dokuzda tekrar uyandıklarında ağustos böceklerinin konseri dayanılacak gibi değildi. Hemen aşağıya inip avluya çıktılar. Mermerden kuyu kapağının üzerinde küçük bir kazanın içindeki buz gibi kuyu suyunda iki tavşan derileri yüzülmüş ve içleri temizlenmiş bir vaziyette yatıyorlardı. Tavşanların kanını bu sistemle çıkartıyorlardı. Hemen arkadaki dut ağacında da Tevfik ağabeyin özel olarak kestiği iki geniş ağaç çatalında tavşanların derileri içi dışına çevrilmiş olarak gergin bir biçimde asılmıştı. Deriler sıcakta kokmasın diye mutlaka tuzlanırdı. Bir ara kendilerini Tom Miks ve Teksas mecmualarındaki Kızılderililerin kamplarında zannettiler.

***

Selçuk, okul arkadaşının davetinden son derece mutluydu. Bağlarda oldukları her gün bir başka maceraya gidiyorlardı. Bakır çayında yüzmek ve balık avlamak, Tevfik ağabeylerinin yaptığı sapanlarla kuş avlamaya gitmek, ağaçlara tırmanmak, ağaçlardan cır cır öten ağustos böceklerini toplayıp tavuklara atmak, kendi bağlarında da olduğu halde sırf macera olsun diye civar bağlardan üzüm ve çeşitli meyve çalmak vs. Bunlar İstanbul'da bulamayacağı fırsatlardı.

Bağlardaki on beş gün ne de çabuk geçmişti.

Yıllarca birlikte okudukları okul bitmişti sonunda. Ama 12-13 yaşlarındaki o muhteşem anılarla dolu 15 günü hiç ama hiç unutmayacaklardı.

***

İşte 30 yıl sonra hava limanındaki buluşmaları bu denli heyecan vericiydi.

Tienen-Belçika
02.03.2013

***

İçkiyle tanışmıştı ve epey de içiyordu.
Hatta barlardan birinde çalışan bir bayanla da
yasak ilişki kurmuştu.
Ara sıra evini de ihmal etmeye başlamıştı.

***

DENİZİN GETİRDİKLERİ

İki gündür hiç durmadan yağan yağmur, denizle evleri arasındaki araziyi küçük bir göle çevirmişti. "Fırtına bir dursa" diye düşünmeye başladı Hacı bey. O da artırdıkça artırıyordu şiddetini. İnsan boyunu aşan dalgalar kıyıya en az iki yüz metreden çatlayarak, köpürerek kumsala hücum ediyordu. Kumsal da kalmamıştı artık. Yan taraftaki dereden yağmurla birlikte kopan sel suları orada denize karıştığından uzun ve geniş bir sahada denizi kahverengine boyamıştı adeta! Bu yüzden de kıyıya yaklaşırken dev dalgaların köpükleri de bulanık bir beyazlık almıştı. Sert lodos ile patlayan fırtına denizi bir yandan karaya iterken, dere yatağına dağlardan kopan selleri önlemek için açılan drenaj kanalıyla gelen sular da diğer yandan denize hücum ediyordu. Sellerin toparladığı çamur gibi sular da denize karışıyordu. Böylece kıyıya yakın yerlerde deniz kahverengiydi. Martılar artık evlerinin önüne kadar geliyordu. Yağmur, fırtına, hem denizden hem de karadan gelen sularla dolmuştu evin önündeki boş alan. Martıların arayıp da bulamadığı bir durum. Adam boyuna erişen dalgalı deniz yerine diz boyunu aşmayan bu sakin gölcükte aradıklarını kolayca bulabiliyorlar, çığlık çığlığa biriken suya bir dalıp bir çıkıyorlardı.

Hacı Bey dalgın bir biçimde camdan seyrediyordu karşısında olup biteni. Pek seyrediyor da denemezdi doğrusu. Dalgın dalgın hem camdan bakıyor hem de başına gelenler bir film şeridi gibi gelip geçiyordu gözlerinin önünden. İki gündür dışarıya adım atamıyordu yağmur ve fırtınadan. Oysa sobada yaktıkları odunlar bitmek üzereydi. Sahilden topluyorlardı bu ağaç parçalarını. Lodos getiriyordu yakacaklarını bereket. Her fırtına sonrası hanımıyla sahili dolaşıp epeyce yakacak topluyorlardı.

Geçen yıl gene böyle bir fırtına sonrası karşı kıyılardan kopup gelen iri ağaç dallarını toplamışlardı. Son kalan büyük bir ağaç gövdesini evlerine doğru çekerken yığılıp kalmıştı yere. Kalbi müsaade etmemişti bu yükü kaldırmaya. Hemen ambulansla hastaneye kaldırılmış ve aynı gün açık kalp ameliyatına alınmıştı. Demek daha görecek günleri vardı Hacı Bey'in.

*

Ankara'da taksi şoförlüğü yaptığı günler; gençti ve epey yakışıklıydı da. Gece şoförlüğü yapıyordu. Bar ve eğlence yerlerinin önünde beklerdi hep. Eğlenceden çıkan bay ve bayanları taşırdı evlerine. Dört yıldır aynı mesleği yapıyordu. Ama o da yavaş yavaş ayak uydurmaya başlamıştı bu sefil hayata. İçkiyle tanışmıştı ve epey de içiyordu. Hatta barlardan birinde çalışan bir bayanla da yasak ilişki kurmuştu. Ara sıra evini de ihmal etmeye başlamıştı.

Canan'ı bardan alıp kaldığı eve götürmüştü o gece. Gece yarısından sonra eğlenmişler, içmişler ve bol bol sevişmiş-lerdi. Sabaha karşı eve döndüğünde evin tüm lambalarının yanık olduğunu fark etti. İçeriye girdiğinde Ebe Hanım çok güzel bir kızlarının dünyaya geldiğini müjdelemişti. Yatak odalarından bebek ağlamasını da duyuyordu aynı anda. Ne yapması gerektiğini bilmeden odaya daldı ve karısını kucakladı. Koyu renkli saçlarının örtemediği küçücük buruşuk alnı pespembeydi bebeğin, kızarmıştı adeta, boyuna ağlıyordu. Ebe ile birlikte iki de komşu bayan vardı evde. Hiç telaşlanmadan gerekli şeyleri yapıyorlardı. Hacı Beyi tebrik edip ona bir kahve pişirdiler.

*

Askerliğini yaptığı sırada memleketi Yozgat'a izine gittiğinde babası evlendirmişti Ayşe ile onu. Merkez komutanlığında şofördü. Ehliyetini de askerken almıştı, Konya'dan. Vatan borcu biter bitmez de karısını alıp Ankara'ya taşınmışlardı. Ankaralı bir asker arkadaşı ona bu işi bulmuştu daha askerdeyken. Arkadaşının babası da bir pavyon çalıştırıyordu Ankara'da. Hacı Bey'in işi çok iyiydi. Bol bol bahşiş veriyordu müşteriler. Daha üçüncü yılında kendi otomobilini almıştı. Arkadaşının babası yardımcı olmuştu taksi plakası almasına. Bu arada Ege kıyılarında bir kooperatife girmiş, kuradan çektiği deniz kenarındaki arsasına küçük bir ev bile yaptırmıştı. Yazları mevsimliğine kiraya veriyordu. Ama içkiye başlaması ve pavyondaki sevgilisi Canan daha fazla para biriktirmesini engelliyordu. Evini ihmal etmesine rağmen karısının hiçbir eksiği yoktu. Bu hayatları beş yıl geç doğan kızlarının on altı yaşına geldiğinde sevdiği bir gençle evden kaçmasına kadar böyle devam etmişti.

Hacı Bey o yıl taksisini satıp Ayşe ile birlikte Yozgat'ta köylerine dönmüştü. Üç yıl önce ölen babasının tüm malları üvey annesi ve onun ailesi tarafından satılmış, hiçbir şeyleri kalmamıştı. Bereket kendisinin emekliliği vardı. Köyde küçük bir ev kiralayıp orada yaşamlarına devam etmeye başladılar. Böylece üç yıl geçmiş ve sevdiğine kaçan kızları terk edilmiş vaziyette, kucağında iki yaşındaki Ayşe'si ile baba evine dönmüştü. İşinin bozulması, babasının tüm mallarının talan edilmesi, kızının terk edilip kucağında bir çocukla eve geri dönmesi ve geçim derdi Hacı Beyi büyük bir bunalıma sürükledi. O anda içkiye tövbe etti ve hacca gitti. Ama tüm bu hızlı geçen hayatı ve dertlerden dolayı kalbi zayıf düşmüştü. Böylece kış aylarında Ege sahillerindeki yazlık evlerinde kalıyorlar, yazın da üç aylığına kiraya verip köylerine dönüyorlardı. Kıt kanaat geçindikleri hayatlarına iki kişi daha eklenmişti. Doğanın nimetlerinden faydalanarak böylece geçinmeye devam ediyorlardı.

*

Fırtınanın ve yağmurun dindiğini epey bir zaman geçtikten sonra karısını, kıyılara birikmiş yakacak odun toplayıp geri dönerken gördüğünde ancak fark etmişti. Kızı da küçük Ayşe'nin çamaşırlarını yıkamış açan güneşte kuruması için ipe seriyordu.

Kabakum-Dikili
03.01.2010

DOSTLUK

Sabah kahvaltısını zar zor bitirdi. Annesi, bir yandan son lokmayı zorla yutturmaya çalışırken, bardakta yarım kalan sütünü de içirmek için büyük bir çaba gösteriyordu. O da aceleyle ayakkabılarını giyip okul çantasını sadece bir omzuna geçirerek kendini evin koridoruna dar attı. Arkadaşı kapının önünde bekliyordu. Başını dikkatlice yere eğmiş kapının önündeki kaldırım taşını ayakkabısının burnuyla tekmeliyordu. Beklemekten canı sıkıldığı belliydi. Yüz metre kadar ilerideki okulun bahçesine girdikleri zaman zil çalmaya başlamıştı.

*

Anaokulundan beri hep birlikte okumuşlardı. Aynı sınıflara kaydolmuşlar, hatta hep aynı sıraları paylaşmışlardı. Pek te uslu oldukları söylenemezdi, ama dersleri hep iyi gidiyordu. Ortaokuldayken tarih öğretmenleri, liseye geçince de geometri öğretmenleri ile başları hep derde girerdi. Nedense bu iki öğretmenin derslerinde hiç uslu durmazlar, her derste mutlaka bir muzurluk çıkartırlardı. Birçok defa okul Müdürüne şikâyet etmişlerdi öğretmenleri.

Hele bir seferinde geometri öğretmeninin gözlüğünü, ahşaptan dönerli büro sandalyesinin minderinin altına saklamışlardı. Adamcağız hiçbir şeyden haberi olmadan sandalyesine oturduğunda kırılmıştı gözlüğü. Daha neler neler yapmışlardı.

Lisedeyken çoğu kez aynı kıza âşık olurlardı ve sık sık birbirilerine küserlerdi. Ama pek uzun sürmezdi dargınlıkları.

Necdet'in resme karşı çok büyük bir ilgisi vardı. Sınıfta onu sık sık bir resim çizerken görmek mümkündü.

Kitapların boş sayfalarına veya not defteri sayfalarına ha bire portre ve manzara resimleri çizerdi. Çok ta güzel resimlerdi bunlar. Resim öğretmeni her ders ona mutlaka bir resim çizdirirdi. Aynı zamanda, liseden sonra Güzel Sanatlar Akademisine gitmesini salık verirdi. Gerçekten de öyle oldu. Arkadaşıyla ilk kez ayrı okullarda devam edeceklerdi. Arkadaşının İktisat Fakültesini tercih etmesi okul arkadaşlıklarını sona erdirmişti. Ama okul haricinde hemen hemen her gün birbirilerini görüyor ve arkadaşlıklarına devam ediyorlardı.

*

Yaşamın inişli çıkışlı mücadelesinde yürümeye başlamışlardı. İkisi de çalışıyordu artık. Necdet bir grafik firmasında iş bulmuştu. Bu arada boş zamanlarını resim yaparak geçiriyordu. Yaptığı tablolardan kazandığı para iş yerinden iki-üç kat daha fazlaydı. Bu nedenle kısa bir süre sonra iş yerinden ayrılarak Ege sahillerinde bir deniz kasabasına yerleşmişti. Akademi yıllarında tanıştığı ve çok sevdiği Lale ile hayatlarını birleştirmişlerdi, ama çocukları olmamıştı. Necdet tuvallerini ve şövalesini alıp resim yapmaya giderdi her gün. Eşi Lale de her gün olmasa bile çok sık Necdet'e eşlik ederdi. Lale düz yazılar yazardı. Bulundukları yerden ilginç haberleri de çeşitli gazetelere gönderirdi.

Yazdığı öykülerden oluşan iki kitabı basılmıştı şimdiye kadar. Öykülerinde çoğu kez doğayı ve insanı anlatırdı. Kitaplarının kapak resimlerini de Necdet'in eserleri süslerdi. Necdet'in yaptığı manzara resimleri epey meşhur olmuştu. Sık sık sergilere katılırdı. İki kez Avrupa'da sergi açmış artık Uluslar arası bir sanatçı olmuştu. Devamlı siparişler alıyordu.

*

Necdet ve çok yakın arkadaşı Can her zaman görüşme olanakları olmasa da sık sık birbirilerini telefonla arayıp her şeyden haberdar ederlerdi.

Can'ın iki çocuğu olmuş, büyük bir firmanın gezici satış mümessilliğini yapıyordu. O da eşinden kısa bir süre önce ayrılmış şimdilik yalnız yaşıyordu.

Gene Anadolu turnelerinden birine çıkmadan önce uzun yılların unutturamadığı arkadaşı ile telefonlaşmışlardı.

Artık şeytanın bacağını kıracaklardı. Turne dönüşü Necdet'lere uğrayıp birkaç gün hasret gidereceklerdi. Eski günlerden kalan çok anıları vardı anlatacak.

*

Küçük sahil kasabasının meydanında otobüsten inince Necdet'in irtibat bürosu olarak kullandığı küçük dükkâna gitti ama dükkân kapalıydı.

Komşulardan evinin yerini öğrenip evin kapısını çaldığında Leyla perişan bir halde onu karşıladı ve göğsüne kapanıp hıçkırıklarla ağlamaya başladı. Hıçkırıklar arasında, telefon görüşmesinden iki gün sonra ani bir beyin kanaması sonucu sevgili kocasını kaybettiğini ve bugün dördüncü günü olduğunu güçlükle söyleyebildi.

Dikili-Kabakum
18.09.2013

***

Kiremitler ile oluk arasındaki boşlukta
yuva yapan serçeler ile büyük bir devin
ağır ağır nefes alışı gibi denizden gelen ses,
martıların çığlıkları ve kumrular
sanki bir senfoni orkestrası kurmuşlar
ve onun için sabah konserine başlamışlardı.

***

AŞKIN ADI DOĞA...

Gözlerini açtığında, kapalı kepenklerin arasından süzülen günün ilk ışıkları odasını yarı yarıya aydınlatmış, o'na yeni bir güne başladığını müjdeliyordu âdeta. Tembel tembel gerinip yatağında doğruldu, ayaklarını karyolasının altında yeri kaplayan halıya değdirdiğinde, halının yumuşak tüylerinin verdiği haz miskinliğini terkettirdi. Her sabah âdet haline getirdiği gibi pencereye doğru ilerledi. Kapalı kepenklerin aralıklarından dışarıyı görebilmek için gözünü cama dayadı. Önünde uzanan masmavi denize bakarak, bir süre daldı gitti...

Akşam başlayan ve gece boyunca tüm şiddetiyle devam eden lodos durmuştu. Tek bir kıpırdanma bile yoktu o masmavi denizde. Sanki bir ressam tablosunda boyanmış deniz manzarasını andırıyordu. Bir an içgüdüsü ona "deniz sana gülümsüyor, günaydın diyor" dedirtti. İçi bir hoş oldu. Şiddetli fırtınanın etkisiyle kumsalı döven dalgalar yenilmişler, önünde davetkâr ve masumca gülümseyen bir denizin cazibesine kapılıp, başka sahillere yönelmek zorunda kalmışlardı.

Önce pencereyi, ardından da kepenkleri usulca açtı. Artık güneş tüm haşmetiyle önündeydi. Gözleri kamaştı. Göz kapaklarını kıstı. Sonra yavaş yavaş, alıştıra alıştıra açarak âdeta, gözbebeklerinden vücudunun derinliklerine girmesine izin verdi. Kiremitler ile oluk arasındaki boşlukta yuva yapan serçeler ile büyük bir devin ağır ağır nefes alışı gibi denizden gelen ses, martıların çığlıkları ve kumrular sanki bir senfoni orkestrası kurmuşlar ve onun için sabah konserine başlamışlardı. Konseri tek bozan, balıktan dönen teknelerin mazot motorlarından çıkan "pat pat" sesleriydi. Hani akordlu olsalar veya kendilerini bu müthiş sabah senfonisine senkronize edebilselerdi belki davul yerine geçebilirlerdi. Birden düşündü, çok şey istiyordu. Kendini tekrar "pat pat" seslerini duymadan o enfes senfoniyi dinlemeye bıraktı. O büyük hazzı içinin derinliklerine çekmeye hazırlanıyordu ki, senfoni yine müzikten anlamayan birisinin devreye girmesiyle kesiliverdi. Teknelerdeki balıkçılardı bunlar... Ağlarını daire şeklinde denize bırakmışlar, küreklerin ucu ile sandalın dibine vuruyorlardı. Bu gürültü sayesinde balıkları ağlara doğru kovalıyorlardı. O süblim senfoni âniden kesilivermişti. Vokal yapan martılar orkestradaki yerlerini terketmişler, balıkçı teknelerine doğru akın ediyorlardı. Balıkçıların ağlarında kopagelen veya denize attıkları satışa elverişsiz balıkları o çoğu zaman insanın içini ürperten çığlıklarıyla kapıp, gidiyorlardı. Sonra gözlerini kapadı. Yok o muhteşem sabah senfonisi kesilmemişti. Yeni bir perde açılmıştı. Sadece müziğin temposu yükselmişti. "Pat, pat" sesleri ve kürek vuruşları da uyumluydu artık. Başını, pencerenin pervazına dayadığı dirseklerinden göğe doğru yükselen ellerinin arasına aldı, gözlerini yumdu ve senfoniyi dinlemeye bıraktı tüm ruhunu... Yudum yudum içercesine dinledi... dinledi... dinledi...

Sonra yavaş yavaş daldığı bu sabah hülyasından koparmaya başladı kendini. Usulca ve güneşin yeniden kamaştırdığı gözlerini açmaya çalıştı. Doğa tüm cömertliği ile bu bahar sabahında ona muhteşem bir tablo sunuyordu. Yeşil, mavi, tüm tonlarıyla sanki iki ezeli âşık gibi sarmaş dolaştılar. Güneşin ısıttığı ıslak kumsaldan yükselen buharlar, bir Hint filminin aşk sahnesinde tüllerin arasında şarkı söyleyen kızı anımsatıyordu. Saf, dürüst ve her türlü kötülükten uzak bir aşk. Doğa aşkı.

İyot yüklü o tertemiz ve taze havayı ciğerlerine çekti. Ama sindire sindire, yudum yudum içercesine. O Hint filminde oynayan ve adı Doğa olan kızın aşkını paylaşmak istiyordu. O hiçbir yerde eşini bulamayacağı mevsim havası ciğerlerine doldukça, yüreği ısındı, sanki ruhunun yerini bu tertemiz aşk havası almıştı. Düşündü ve kendi kendine "tamam artık film setindeyim ve Doğa'yı kucaklamaya hazırım" dedi. Bu sanki aşk sahnesinden de öte, renk cümbüşü eşliğindeki müziğin doldurduğu mabette bir ayin gibiydi. Doğa'nın kendisine sunduğu bu karşılıksız aşkın hep devam etmesi ve gününün de bu güzellikte geçmesi için dua etti.

İstemeye istemeye pencereden uzaklaştı. Ayakları geri geri gidiyordu ama yapacak işleri de vardı. Sonra kendisini bir anda dışarıda buluverdi. Bahçe kapısının önünde güneş ışınlarının kollarına kendini bırakmış ve âdeta dört parçaya bölünmüş görüntüsü sergileyen köpeği, ayak seslerini duyunca şöyle bir gözlerini açar gibi oldu, baktı ki gelen efendisiydi, tembelce kuyruğunu sallayarak günaydın dedi ve fütursuzca güneşlenmeye devam etti. Kolay değil gece boyunca fırtına ve dalgaların sesi ona uykusuz saatler geçirtmişti. Hiç sevmezdi böyle havaları. Daha çok havlamak, ulumak, her sese kulak kabartmak zorunda kalıyordu ki, bu da onu yoruyordu. Ama şimdi hayatından hiç de şikâyetçi değildi. Şu pırıl pırıl bahar havası tüm yorgunluğa değiyordu. Sokak köpeğiydi. O'nu kendisine birkaç gündür sahip seçmişti. O da hiç güçlük çıkartmadan adopte etmişti. Kışın buralarda kimse kalmıyordu. Baharın gelmesiyle birlikte tek tük gelişler oluyor, o da köpek hissiyle hareket ederek o yazı birlikte geçireceği sahibini veya sahibesini seçiyordu. Bağımsızlığa âşıktı. Sürekli birisi ile yaşamayı sevmiyordu. Sonra bağlanmakta iyi değildi. Kışın hem kendisini mevsimlik adopte edenlere yük olmak istemiyordu. Hem de kent havasını ve yaşamını sevmiyordu. O gürültü, vızır vızır geçen otolar ve belediye köpek itlaf ekipleri. Kiralık katiller gibi sokak sokak dolaşarak hemcinslerini katledişlerine bir kere şahit olmuş ve o gün bu gündür kent yaşamından nefret etmişti. Kışın karışanı yoktu. Bahar ve yaz mevsiminde birlikte yaşadığı yeni efendileri de zaten belediye ekiplerine izin vermiyorlardı. Bir de sokak aralarında dolaşarak "av" oluşturmaya hiç niyetli değildi. Bahçeden dışarı adımını atmıyordu. Tek sorun kış bastırdığında yiyecek bulma konusunda çıkıyordu. Ama belediye ekipleri de ortalığı terkettiklerinden daha rahat dolaşabiliyor ve en azından yazın toprak altına stokladığı kemikleri ile bu yokluk günlerini geçirebiliyordu. Eh, her şey dört dörtlük olacak değildi bu dünyada... Soğuk ve fırtınalı havalarda yatacak yer bulmak ta zordu. Herkes evlerini iyice kapatıp, kepenkleri indirip geri dönüyordu. Ama o akıllı olmasının sayesinde çıkış yolunu bulmuştu. Limanda demirleyen teknelerde sığınacak yer her zaman vardı. Vardı da o dalgalı denizde sallanmayı hiç sevmiyordu. İşte o zaman kumsalda ters döndürülmüş ve üzerlerine branda çekilmiş sandalların altına giriyordu. Aslında bir başka şansı daha vardı. Mevsim dışı yazlık evlerine hafta sonunda gelenler de oluyordu. İşte o zaman hem midesi bayram ediyordu hem de ısınacak yere kavuşuyordu. Çoğunda şömine vardı ve içeri girip, şöminenin yanında yatmasına izin veriyorlardı. En bayıldığı şeydi. Şöminede odunlar çıtır çıtır yanarken o köpek rüyalarına dalıp gidiyordu. Ah keşke tüm kışı böyle geçirebileceği bir yer olsaydı. Tanrısına dua etti. Çok bencil davranıyordu. Daha bahar yeni gelmişti, önünde yaz vardı ve o gelecek kış için şimdiden dua ediyordu. Olsun, erken davranmakta yarar vardı her zaman.

O ise güneşlenen köpeğe imrenerek baktı. Acaba gelecek seferinde dünyaya köpek olarak mı gelseydi. Gailesiz bir yaşam sürdürmek için. Oysa ne bilsindi köpeğin aklından geçenleri. Hiç köpek yaşamı sürdürmemişti ki! Mevsimlik adopte ettiği köpeğinin tiklerine bakıp daldı gitti. Patisi, kulağı veya kuyruğu duruma göre hafifçe oynuyordu. Daha dikkatli baktı. Eh gelecek yaşamında denemeye kalkarsa şimdiden öğrenmesi lazımdı. Kulak, sinek kovalamak içindi. Kuyruk kendisini görünce sevgi ve dostluk belirtisi için kıpırdıyordu. Patiyi anlamadı. Karınca mı vardı acaba. Bunu daha iyi incelemeliydi. Ama vakti yoktu. Adopte köpeğini tik ve rüyalarıyla başbaşa güneşlenir bıraktı, sahile doğru yürümeye başladı. Köpeğe bir ad bulmalıydı. Ya bir adı varsa diye düşündü. Sonra bulduğu adı kabul edecek miydi. Şimdilik "kuçu kuçu" diye çağırıyor, köpeği de tepki verip geliyordu.

Sahile yaklaştıkça serçe ve kumruların ötüşleri uzaklaşıyor, yerini martıların çığlıklarına ve artık hafif hafif dalgalanmaya başlayan ama çırpıntıdan öteye gitmeyeceği anlaşılan denizin şırıltısına bırakıyordu. Plâja geldiğinde önünde sadece kumsal ve deniz ile ufukta denize tüm maviliğini veren gökyüzü. Deniz çırpıntıları gel-gite dönüşmeye başlamış ve kumsaldaki deniz kabuklarını, çakılları ve incecik kumları sanki okşuyordu.

Bugün o'nun vahşi dünyadan, tüketim toplumundan uzak, doğa ile başbaşa geçirdiği son günüydü. Tatili bitmişti. Yarın dönmesi gerekiyordu. Uçağı sabah erkenden kalkacaktı. Ah keşke tüm günleri böyle olabilseydi. Ama daha gençti ve çalışmak zorundaydı. Bu son gününde sanki tüm güzellikleri yılın geri kalan kısmı için, ruhunun derinliklerine stoklamak istiyor gibiydi. Söyledikleri cennet bu olmalıydı. Zamanı unuttu, unutmak için zaten saatini bile yanına almamıştı. Yürüdü... yürüdü... yürüdü... Her ânı sindirircesine yürüdü...

Tüh ! bugün cumartesiydi. Şimdi etraf yine dolacak, hafta sonunu geçirmeye gelenler bu rüyamsı tabloyu hem bozacaklar hem de gürültü yapacaklardı. Müthiş kıskanç hissetti kendisini. Zaten tatillerini kimsenin bulunmadığı zamanlarda almasının da nedeni bu değil miydi. Doğa adlı aşkı kimseyle paylaşmayı sevmiyordu. Hah işte Ahmet beyler damladılar bile. Bu adam da sanki zevk için egzosunu tamir ettirmiyor. Amma gürültü yapıyor yahu... Bir de şu kepenkleri daha usturuplu açsa sanki cebinden para çıkacak. Bir iki adım daha attı bu sefer Hüseyin beylerin rutubetten hafifçe nemlenmiş eşyalarını bahçeye güneş altına çıkarmaya başladıklarını gördü. Kendisinin bu sorunu yoktu. Nem kapmayan eşyalar ile döşemişti evini. Zaten eşyalarını, mallarını pazara çıkarır gibi herkesin görmesini de sevmezdi. Neyse her yıl olduğu gibi yine nefis bir tatil geçirmişti. Genç olmasına rağmen kendini yenilenmiş hissetti.

Kumsalın hafif tümsek olan yeşillikli bölümüne geldiğinde, etrafta turp otu, ebegümeci, leylek gagası, ısırgan toplayan kadınlara rastladı. Bunlar kuzu etinden daha lezzetli olurlardı bahar mevsiminde... Fakir yemeği. Ama kentlerde kurulan köy pazarlarında şehirli hanımlar da kapış kapış satın alırlardı bunlardan. Isırgan çorbası veya böreğinin tadına doyum olmazdı. Turp otunu haşla, üzerine zeytin yağlı sarımsak ve limon sosu dök ve yeme de yanında yat! Kan temizlemede birebirdir hepsi.

Sonra taksi ayarlamayı unutmaması gerektiği aklına geldi. Gece 2.30'da mutlaka gelip kendisini alması gerekiyordu İbo'nun... İbo sanki özel şöförüydü. O getirir ve yine o götürürdü. Evi toplaması için de zaman ayırması gerektiğini düşündü, huzursuzlandı. Kopmak istemiyordu bu ortamdan. Ama eve dönme zamanı gelmişti.

Bahçe kapısını açtığında güneş yükselmiş yakıcı bir hal almıştı. Köpeği de kendisini görünce zıplamaya başladı. Kuyruk sallamasından acıktığını anladı. Kendisinin de karnı açıkmıştı. İçinden yine köpek olmak geldi. Bak nasıl anlatıyordu derdini. Oysa bizler, telefon, fax, elektronik posta bilmem ne, yine de anlatamadığımız zaman derdimizi anlatamıyorduk. Oysa bu köpekcik bir havlama ile ne istediğini söylüyor. Vallahi köpek olmak lazımmış bu yaşamda diye içinden geçirdi. Kompleksleri bile yoktu insanlar gibi... Oysa bilseydi çoğu kez, köpeklerin de hayatı hayat değildi ki...

Birlikte mutfağın kapısının da açıldığı taraçaya çıktılar. Masayı hazırladı. Bir tabak da köpeği için koydu. Bakalım menüde ne vardı. Dün aldığı balığı bitirmeliydi. Bir salata ve yanında buz gibi bir bira. Köpek için de son gün olması nedeniyle, ziyafet çekmek için gelirken özel mama getirmişti. İnşallah beğenirdi. Ya midesi bu mamalara alışmadığı için buradan ayrıldıktan sonra köpeği hastalanırsa. Yok canım gece yarısına kadar belli olurdu. Yemeklerin servisini yaptı. Köpeğini tahta sandalyenin üzerine çıkarttı ve karşılıklı yemeye başladılar. Köpeği önce burnuyla snıf... snıf... yaparak tabaktakini kokladı. Normal yediklerine benzemiyordu ama hem kokusuyla hem de görünüşüyle nefis bir şeye benziyordu. Sonra hafifçe diliyle dokundu. Mımmmm... Krallara pardon ev köpeklerine lâyık bir yemekti bu. Mevsimlik sahibi kendisine jest yapıyor ve ziyafet çekiyordu. Bu adamı sevmişti. Ah keşke daha uzun süre kalabilseydi. Şimdi kalk yeni bir efendi ara. Neyse önce Ahmet beylerden başlardı. O egzos gürültüsünü kendisi de sevmiyordu. Ama yemekler fena değildi.

O, birasını yudum yudum içerken aynı zamanda son saatleri de yudumluyordu âdeta. Balık da nefisti. İyi iyot depolomıştı yine... Karşıdan Yunan adaları gözüküyordu. Sanki burnunun dibindeydiler. Ada evlerinin camları parlıyor, sanki mors alfabesiyle bu tarafa dostluk mesajları yolluyorlardı. Yahu bu iki millet birbirine bu kadar benzesin, sonra kalkıp yıllarca düşmancasına yaşasın olacak iş değildi. Ama o da biliyordu ki, bunun müsebbibi politikacılardı. Ah halkları bir rahat bıraksalardı. Zaten son günlerde adalardan gelip gidenler karşılarında kendilerini kucaklayarak karşılayan Türkleri görünce müthiş şaşırıyorlar ve kaçan zamana hayıflanıyorlardı.

Uzaktan bir meleme geldi. Kuzu melemesiydi. Tabiî yahu yeni doğmuş bir kuzu. Ne de şirin olurlardı. Ayakta durmaya çalışırlarken, daha doğrusu ayakları üzerine kalkmaya çalışırlarken de çok komiktiler. Ana koyun bile sanki gülerdi meleyerek... Bu mevsimde koyun yoğurdunun da tam zamanıydı. Öfff... niye burada sürekli yaşayamıyordu. Acaba ofisi buraya mı taşısam diye düşündü, kendi kendine güldü. Bundan da huzursuz oldu, etrafına bakındı. Neyse kimse yoktu. Deli gibi kendi kendine gülüyor, demelerinden çekindi. Aman canım ne derlerse desinler... Bir şarkı mırıldanmaya başladı:

**Martıların kanatları*
Pırıl pırıl güneşten
Güneş bizim, martı bizim
Özgürlükler hep bizim.

Engin deniz dost mavisi
Beyaz beyaz dalgalar
Deniz bizim, mavi bizim
Tüm dostluklar hep bizim

***Suat Özönder:** Beste yazarı, kompozitör ve yorumcu

***

El ele tutuştukları anda
birbirlerine ilettikleri akım,
tertemiz kalplerindeki tempoyu
birkaç kat hızlandırıyordu.
Ne güzel...
Böylece herkesin önünde
ama her şeyden uzaktılar.

***

GÜNEŞİ ÖZLÜYORUM

Kordon boyu

(Gözlerim şiddetli rüzgârın sürüklediği sararmış son bahar yapraklarına takıldı ve beni de alıp yıllar öncesine, bir ömrün ilkbaharına götürdü...)

Ekim sonuydu... Türkiye'de hava hâlâ epeyce sıcaktı, denize girenler bile vardı. Yılın bu son sıcaklarına, bazı yerlerde pastırma sıcakları da denirdi. İnsanlar tişörtle, kısa kollu gömleklerle veya çok hafif, rengârenk elbiselerle sokağa çıkmışlardı. İzmir Kordonboyu, kol kola gezen gençlerin içten ve mutluluk dolu, şen kahkahalarıyla cıvıl cıvıldı. Alsancak ile Pasaport İskeleleri arasında kafeterya ve birahaneler vardı. Deniz tarafındaki set üzerinde genç âşıklar dünyayı umursamaz biçimde el ele tutuşup, birbirlerine tatlı tatlı gülümseyerek bir şeyler fısıldıyorlardı. İzmir'in meşhur imbatıyla kıyıya çarpan dalgaların sesi, bu tatlı söyleşilerine fon müziği gibi eşlik ediyordu. Dünya umurlarında değildi. Yaşam kavgasına henüz girmemişlerdi, çoğu öğrenciydi, her hangi bir sorumlulukları yoktu. El ele, göz göze... Yalnızca o andaki birliktelikleri önemliydi onlar için. Hatta yeni başlayan öğretim yılı bile şimdi onları pek ilgilendirmiyordu. Birbirlerini seviyorlardı. El ele tutuştukları anda birbirlerine ilettikleri akım, tertemiz kalplerindeki tempoyu birkaç kat hızlandırıyordu. Ne güzel... Böylece herkesin önünde ama her şeyden uzaktılar. Benzer sahnelere İzmir Fuarı'nda da sıkça rastlanırdı. 9 Eylül Kapısı'nın karşısında başlayan ve Kahramanlar semtine doğru giden Âşıklar Yolu'nun boş olduğu gün yok gibiydi. Hele Alsancak'taki Tayyare Sineması... Film başlar başlamaz genç âşıklar birbirlerine daha da yaklaşarak samimi sarılırlar, kaçamak öpücüklerle o günü değerlendirirlerdi! Tayyare Sineması sıklıkla yabancı filmler gösterirdi. Türkçe alt yazılı filmler bayağı ilgi çekerdi. TV henüz kıskacına almamıştı çoğu insanları. Televizyonlarının önünde sabahtan gece yarılarına kadar o kanaldan bu kanala atlayarak zaman geçirilmiyordu. Sinemalar, tiyatrolar ve çeşitli eğlence yerlerine daha fazla rağbet ediyorlardı. Bir de piyasa yapmayı seviyorlardı. Kordon boyunda, hemen herkesin elinde bir kese kağıdı kabak çekirdeği veya ayçiçeği çekirdeği, çıt, çıt, çıt... Eğer bir yerde oturmuşlarsa, kalktıklarında yerlerde çekirdek kabuklarından küçük halıcıklar oluşurdu... Amatör balıkçılar bacaklarını denize doğru sarkıtıp, setin üzerinden oltalarını denize bırakarak, avlarını beklerlerdi. Yanlarında deniz suyuyla dolu kovaları, içinde çırpınan kefal palazları... Küçücük konserve kutulardaki balık yemlerine, sineklerle arılar ortak olur, esen rüzgâra rağmen inatla uçuşurdu...

Kordon´da gezerek, sevişerek veya balık tutarak zamanı unutan bu insanlar, açlıklarını asla unutmazlardı. Ceplerinde acıktıkları zaman bir şeyler yiyebilmek için bütçelerine göre para bulunurdu. Birahanedekiler; tost, cips, patates köftesi, dil söğüş ile idare ederken, dışarıdakiler ya simit ya da kumrularla doyururdu karınlarını.

Kumru, İzmir´e özel bir çeşit sandviçtir. İki ucu sivri, minik bir beyzbol topunu andırır. Simit mayasından yapılmış bu ekmeklerin arasına kaşar peyniri ve domates dilimleri konur. Ayranla ya da yol üzerinde kurulan seyyar çay ocaklarından ısmarlanan çaylarla güzelce karınlarını doyururlardı.

Kumrucular tekerlekli camekânlarını her an temiz tutarlardı. Çerçeveler, ya beyaz, ya da süt mavisine boyanırdı. Eski bisikletlerden alıp taktıkları tekerlekler ise çoğu zaman patlaktı. İkinci Kordon'da veya daha içerilerde, esnafın yoğun olduğu yerlerde seyyar söğüşçüler ve köfteciler vardı ki çoğu esnaf ve memur, öğlenleri karınlarını buralarda doyururlardı. Kordon boyunda tatlı imbat yerini şiddetli bir rüzgâra bırakıp, set üstünde oturanları, deniz kenarındaki kaldırımdan yürüyenleri bile rahatsız etmeye başlayınca iş değişirdi. Sıklıkla öğleden sonra sertleşen imbat, denizi azdırır, oksijen-iyot karışımını dengelerdi. Kıyı boyunca uzanan sete kuvvetle çarpan dalgaların köpükleri güneşte inci gibi parlayıp yolun orta yerine kadar savrulurdu.

Az önce gıcırdaya gıcırdaya Alsancak iskelesinden kalkan Karşıyaka Vapuru büyük bir kuğu gibi Pasaport iskelesine doğru gidiyordu. Oradan mendireğin içinden Konak İskelesi'ne yanaşacak. Böyle dalgalı havalarda gemi iskeleye yanaşırken bambaşka bir zevk duyarım. Âdeta bir özgürlük sembolü olan dalgalar, gemiyle rıhtım arasına sıkışmış, bir an önce tekrar özgürlüklerine kavuşmak istercesine çırpınır dururlar.

Ben en çok Karşıyaka-Konak seferlerini severim. Hiç unutmam, çocukluğumda bu vapurlara bindiğimde koşa koşa ön güvertede en başa yerleşirdim. İzmir Körfezi'nde o zamanlar yunus balıkları vardı. İkili, üçlü gruplar hâlinde gemiyle yarışırlardı Konak´a kadar. Buna bayılırdım, çoğunlukla gidiş-dönüş bileti alırdım. Bugün körfez çok kirlendiği için çocuklar bu doğa güzelliklerinden mahrum kalmışlar, ancak televizyonlardaki belgesellerde böyle şeyleri görebiliyorlar. Ne olursa olsun, şu anda, o dalgalı denizde, kocaman bir kuğu gibi sağa sola yatarak giden şu geminin içinde olmak isterdim...

Karşıyaka... Çocukluğumun bir kısmı ve ilk gençliğim orada geçti. Arkadaşlarla Karşıyaka İskelesi'nden Bostanlı´ya doğru yürürdük yaz akşamları. Sahil boyunca birbirinden güzel heykellerle süslü büyük bahçeler içinde şahane villalar vardı. Palmiyeler, narenciye ve çeşitli meyve ağaçları, rengârenk güller ve çiçekler...

Pasaport iskelesinin karşısında birçok kıraathane vardır. Çoğu sabahçıdır bu mekânların. Bazı geceler geç kaldığımız için talebe yurdunun kapıları kapandığından o kıraathanelerde sabahlardık. Ama garson uyutmazdı bizi! Uyuklamaya başladığımızda hemen çaylar gelirdi. Yaz akşamları kıraathanelerin önündeki geniş kaldırıma masa ve sandalyeler konur, bu akşamların tadını çıkarmak isteyenlere servis yapılırdı.

İmbat, yerini derin bir sessizliğe terk etmiştir artık. Şimdi nargile fokurtuları rahatça duyulur. Tömbekilerden çıkan buruk kokulu nargileye öz yanan ıslak tütünün dumanları etrafa yayılır. Nargileciler genellikle ekâbir takımından, müdavim müşterilerdendir. Şöyle yan tarafta bir yere oturacaksın, sohbetlerini dinleyeceksin... Söyleşilerine doyum olmaz. Garsonlar da kültürlü ve güngörmüş babacan kişilerdir. Hemen her konuda bilgileri vardır.

İmbat durduğundan denizdeki ölü dalgalar sırtları beyazlamadan soluk alır gibi kabarıp sönüyorlar. Akşamüstünün güneşi, dalgaların getirdiği deniz suyunu kurutmuş, yolun üzerinde kirli beyaz kurumuş tuz lekeleri oluşturmuş. Sahil yavaş yavaş tenhalaşmaya başlıyor. Biraz sonra, iri, olgun bir turunç gibi denize doğru sarkan güneş batacak, akşam karanlığı bastıracak. Sonbaharda havalar çok çabuk kararır. Bir dahaki sefere tekrar buluşmak ümidiyle, genç âşıklar istemeden ayrılırlar. Adımları geri geri gider sanki... Sırdaşlarına anlatacak çok şeyleri vardır hepsinin... Ama yavaş yavaş evlerine dönüyorlardır artık... Oysa Kordon boyu bir iki saat sonra daha değişik bir kalabalıkla kucaklaşıp şenlenecektir.

...Sonbaharın şiddetli fırtınasıyla sürüklenen sararmış yapraklar beni elli yıl öncesine götürdü. Ne güzel bir duygu ki hâlâ alışamadığım şu hoyrat iklimde o sıcacık anılarla yaşayabiliyorum. Hâlâ kuzeyin soğuk havası koparamadı beni bu tatlı anılarımdan... Özümdeki ateş yanmaya devam ediyor. Güneşten yoksun şu soğuk diyarda ben yurdumun sıcaklığını hissediyorum.

Her an "GÜNEŞİ ÖZLÜYORUM!"

Anılarımla baş başa kaldığım
günlerden birinde,
bu yağmurlu soğuk ülkede
bestelediğim bir şarkının ilk dörtlüğü
geldi aklıma:

" Çok uzaktan geldim
Nedenini bilmeksizin
Yağmurlu ve soğuk
Şu küçücük ülkeye"

JE SUIS VENU DE LOIN
SANS TROP SAVOIR POURQUOI
VERS UN TOUT PETIT COIN
OU IL PLEUT, IL FAIT FROID

Suat Özönder
Fransızca sözler: Merhume Lucie SPEDE

KARABASAN

İlerideki keskin viraj levhasını gördüğünde, biraz fren yapıp hızını azaltmak istedi. Ama o ne? Ayağına hâkim olamıyordu bir türlü. Bacağının dizden yukarısı uyuşmuş bir türlü kımıldatamıyordu. Sağ ayağını gaz pedalından zorla kaldırıp frene bastı. Otomobili durdurmak mümkün değil. Aynı hızla viraja doğru gidiyordu. Birkaç metre sonra bir iki gündür yağan yağmurdan iyice yumuşamış, çamura dönüşmüş olan batağa saplandı. Sağa sola yalpa yapan otomobile güç bela hâkim olabiliyordu. 30-40 metrelik koyu çamurdan oluşan batak onu epey yavaşlatmıştı. Tam viraja girerken karşıdan kocaman bir kamyonun geldiğini gördü. Yolun yarısından çoğunu kaplayan dev kamyon sanki doğruca üzerine geliyordu. Yağan yağmurlardan oluşan seller, zaten daracık olan yolu, tam virajın olduğu yerde daha da daraltmıştı. Otomobilinin direksiyonuna tüm gücüyle sarılıp olası bir çarpışmayı güç bela önledi. Ama neredeyse dağ yolunun sağ tarafındaki kayalara çarpıp parçalanacaktı. Korkuyla karışık heyecandan, şakaklarından terler akıyordu. Sırtı sırılsıklam olmuştu. Direksiyon avuçlarının içinden kayıyordu. Alnında boncuk boncuk biriken terden bir damla sağ gözüne kaçmıştı. Gözü acayip yanıyor puslu puslu görebiliyordu önünü. Bir anda yolun tam ortasında, dağdan kopup gelmiş iki iri kaya parçasını fark etti. Aniden frene bastı. Toprak yolda otomobil sürüklenmeye başladı. Taşların solundan geçmeye kalksa büyük bir olasılıkla uçuruma yuvarlanacaktı. İkisinin arasından çok zordu geçmek. En sağ ise kayalıklar. Direksiyonu iyice kavrayıp iki kocaman kayanın arasına girmeye karar verdi. İşi çok zordu. Otomobilin arka sağ çamurluğundan gelen müthiş bir sesle sarsıldı. Tam iki kayanın arasından geçecekti ki, toprak yolda kayarak otomobilin arka tarafını kurtaramamış ve çamurluğu parçalanmıştı. Hemen sağ tarafa çekip durdu. Arabadan inip çamurluktaki hasara bakacaktı. Çamurluğun arka bölümü ve arka tampon paramparça olmuştu. Yere yatıp otomobilin altında herhangi bir hasar olup olmadığına bakacaktı ki, arabanın yavaşça hareket ettiğini fark etti. Eyvah, el frenini çekmeyi unutmuştu mutlaka. Hafif meyilli yolda yavaş yavaş uzaklaşıyordu otomobili! Hemen yerden fırlayıp arabanın peşi sıra koşmaya başladı o da. Yetişmişti yetişmeye ama bir türlü kapısını açıp kendini arabanın içine atamıyordu. Kapının kolu sıkışmış açılmıyordu. Göğsü daralmış şakakları zonkluyordu. Aman yarabbi ilerideki viraja da epey yaklaşmışlardı. Hızını artırarak sağ taraftaki kapıdan girebilmek için otomobilin ön tarafından dolaşmaya karar verdi. Oh kapıyı açıp içeriye girdi. Hemen direksiyon başına geçip frene bastı. Sonunda, uçuruma birkaç metre kala durdurabildi aracını. Kalbi güm güm atıyordu. Boğazı kurumuş, dili damağına yapışmıştı. Neyse az ileride bir pınar vardı, otomobili yokuş aşağıya bırakıp oraya kadar gitti. Eski çeşmeden akan buz gibi suyla ilk önce ellerini ve yüzünü yıkadı. Ağzını çeşmenin oluğuna dayayıp kana kana içti, içti. İlk önceleri suyun soğukluğundan hiç bir şey fark etmemişti. Tam otomobiline binerken boğazında bir şeylerin oynadığını hisseti. Kaygan bir şey dolaşıyordu sanki ağzının içerisinde. Boğazından midesine doğru kayan soğuk şey sanki gittikçe şişiyordu da. Midesi dolmuş ama ağzının içerisindeki şey hala aşağıya doğru kaymaya devam ediyordu. Zorla nefes almaya başladı. Gözleri kararıyor ve devamlı terliyordu. O haldeyken tekrar kontak anahtarını çevirdi ve gaza bastı. Bir an önce şehre inip bir doktora gitmeliydi. Gözü hiç bir şey görmüyordu. Toprak dağ yolunda son hızla ilerlemeye başladı. Keskin virajlar vız geliyordu ona artık. Bu arada ağzındaki kaygan şey midesinde yer bulamayınca dışarıya doğru sarkmaya başlamıştı. İlk önce direksiyon simidine dolanıp, oradan da kucağını doldurmaya başladı. Acayip sesler çıkarıyordu. Yavaş yavaş iki bacağına birden bir yılan gibi dolanmaya başladı. Neredeyse iki bacağının hareket kabiliyetini kaybetmekteydi. Bir anda römorku saman yüklü bir traktör belirdi önünde. Ne frene basabiliyor ne de direksiyonu çevirebiliyordu. Arkasından da iki tane kamyon havalı kornalarını çalarak yol istiyorlardı. Korna sesleri onu son derece rahatsız ediyor, strese sokuyordu. Kulakları patlayacak gibi oldu. Büyük bir gürültüyle kendini samanların içerisinde buldu. Çarpmanın şiddetiyle uçuşan samanlar otomobilin içerisini doldurmuştu, hiçbir şey göremiyordu. Midesi ve kucağındaki yılana benzeyen şey artık kollarını da sarmış onu bir cendere gibi sıkıyordu. Korna sesleri hala en büyük rahatsızlığıydı. Kulakları patlama noktasına gelmiş, tüm vücudu terden sırılsıklam olmuştu. Arkadaki kamyonlardan inenler otomobilin kapısını açıp onu otomobilden dışarıya çıkardıklarında bayılmıştı. Ama hala kolundan ve omuzlarından çekiştiriyorlardı.

***

Karısı uyandırmak için omzunu tutmuş hafifçe sallıyordu: -uyan uyan kâbus görüyorsun yine!- Büyük bir şaşkınlıkla uyandığında kan ter içinde kalmış, kulaklarında hala korna sesleri çınlıyordu.

Akşam ziyafette yedikleri ve içtikleri kötü bir kâbus görmesine neden olmuştu. Terden yamyaş olmuş yatak çarşafını düzeltip hemen ılık bir duş almaya gitti.

Kabakum-Dikili
10.05.2013

KARLI BİR GÜN

Sabaha karşı şiddetli fırtınanın dinmesiyle yavaş yavaş kar yağmaya başladı. Bütün gece devam eden fırtına nedeniyle gözüne bir türlü uyku girmemişti. Sanki yüzlerce insanın hep bir ağızdan uğuldarcasına çıkardığı ses gibi patlayan fırtına epey tedirgin etmişti onu. Elektrik tellerinin titreşmesiyle çıkan ses de buna karışınca sanki kıyamet kopuyormuş gibiydi. Çok yakınlarındaki deniz sanki kudurmuş, zincirlerini koparmak isteyen canavarlar gibi bembeyaz ve korkunç dalgalarıyla sahile hücum ediyordu. Bu kükreyen dalgaların müthiş sesi fırtınanın da uğultusuna karışınca daha da ürkütücü olmuştu. Çok şiddetli esen fırtına denizin köpüren suyu ile plajdaki kumları toplayıp çok uzaklara atıyordu. Kepenklere çarpan kumla karışık su, yüzlerce kamçının çıkardığı ses gibi şaklıyordu.

Fırtınanın dinmesiyle o da yatağından kalktı ve sıcak bir duş aldıktan sonra, giyinip salona indi. Tüm perdeleri açmış sessizce yağan karı seyre dalmıştı. Doğayı örten bembeyaz kar, daha sabah olmadan hafifçe ağartmıştı ortalığı.

Bu beyaz güzellik ayni bir gelin gibi masum ve tertemizdi. Sokak lambalarının turuncu rengiyle birlikte aydınlanan kar tanecikleri, sanki milyonlarca sarı kelebeğin yeryüzüne hücum etmesi gibiydi. Artık güneşin doğmasına çok az kalmıştı. Uzaktan horoz sesleri ve ara ara havlayan köpekler sabahı müjdeleyen ilk canlılardı. Tek tük kuşlar uçuşmaya başlamış, sanki gece fırtınadan başları dönmüş gibi bir oraya bir buraya yalpalıyorlar. Yerdeki kar epey kalınlaşmaya başlamıştı. Elektrik telleri bembeyaz pamuktan urganlar gibi duruyordu sallanmadan. Sanki elektrik direklerini bu beyaz urganlar tutuyordu. İki kumru, lapa lapa yağan karların arasından süzülerek elektrik teline kondu. Başlarını yan çevirerek birkaç yerinden kopup yavaşça yere düşüşünü seyrettiler beyaz urganın. Civardaki ağaçlara kuşların her konuşunda ve kalkışında, el büyüklüğündeki kar parçaları düşmekte, birer beyaz güvercin gibi yere konmaktalar. Tüm kuşlar yiyecek bir şeyler bulabilme kaygısı sarmış gibi sinirli sinirli sağa sola uçuşuyor ve sık sık ağaçların yapraksız dallarına konup konup havalanıyorlar. Bilhassa serçeler gruplar halinde cıvıldaşarak uçuşurlarken daha bir sinirliler gibi. Evin önündeki yoldan ilk araçlar geçmeye başlamıştı artık. Büyük bir itinayla ve yavaşça kullanıyorlardı araçlarını insanlar. Motorların sesi olmasa araçlar, halıda yürüyen kediler gibi sessiz ilerleyecekler.

İkinci çayını bitirmişti doğayı ve sessizce yağan karı seyrederken. Karın kalın örtüsü altında yiyecek bulamayan kuşlara bir şeyler yapması gerekirdi. İki eski örtü bulup onları bahçede kuytu ve meydanlık yerlere serdi. Meydanlık bir yer olursa kuşlar kedilerden gelecek tehlikeyi görüp kaçabileceklerdi. Karın üzerine bastığında çıkan o muhteşem sesten ne kadar büyük bir zevk alıyordu. Kırt. Kırt. Kuşlara yemlerini verirken sevgili köpeği de gerinerek yanına geldi. Bembeyaz köpeği karların içinde neredeyse görünmüyordu. O da çok hoşlanmıştı yağan kardan. Hatta şaşırmıştı sanki. Zira ilk defa kar görüyordu. O da akşamki şiddetli fırtınadan epey rahatsız olmuştu yuvasında muhakkak. Beyaz sessizlik karşısında adeta büyülenmişti. Arada bir yerdeki karı yemeye çalışıyordu. Sık sık zıplayıp kendini karların içine atıyordu. Bazen pusuda bekler gibi yere uzanıp hareketsizce duruyor tekrar büyük bir sevinçle zıplamaya devam ediyordu. Yere uzandığı zaman tamamen kayboluyor, sadece simsiyah gözleri ve ıslak burnu üç siyah nokta gibi kalıyordu. Mutlaka onun da karnı acıkmıştır diye aklından geçirdi. Ilık bir şeyler hazırlamalıydı. Dün akşamdan kalan tavuk sulu çorbayı ısıtmaya döndü eve. O sırada bahçeye inmeye çekinen kedisinin miyavlamasını duydu. Terastan büyülü gözlerle bakıyordu o da yavaş yavaş azalmaya başlayan karın yağışına. Hafif esintiyle üzerine doğru gelen kar taneciklerine pençesini sallıyor yakalamaya çalışıyordu. Yalnız yakaladığı kar tanecikleri pençesinde hemen eriyip yok olduğunda şaşırıp sağa sola bakarak onları arıyordu. Köpeğinin yemeğini hazırlayıp terasta duran tenceresine boşalttı. Adeta sevinç taklaları atıyordu beyaz ve sadık dostu. Yemeğe başlamadan önce birkaç kez boyuna kadar zıplayıp teşekkür etti. Kedisinin de kuru mamasını verdi. Şimdi içi rahatlamıştı.

Hava hiç de soğuk değildi. Kalın bir kazak giyip biraz dolaşmak istedi. Kar kalınlığı bir karış kadar vardı. Çizmelerini giyip sahil boyunca yürümeye başladı. Bir yandan her adımda çıkardığı ses, diğer yandan denizin sesi onu mutlu ediyordu. Kocaman bir dev sanki sakince nefes alıp veriyordu. Deniz nefes aldıkça su kumsala hafifçe gelip gidiyordu. Kar, denize kadar yağmıştı. Sahile gelip giden dalgalarla adeta tertemiz yıkandıktan sonra kolalanmış eski danteller gibi şekiller alıyordu şimdi. Bu olayı görünce doğaya olan hayranlığı bir kat daha arttı. Sevgili köpeği de yemeğini bitirip onun peşine takılmıştı. Öyle oyunlar yapıyordu ki, sık sık durup ak kızını seyretmeden yapamıyordu. İki yıl olacaktı neredeyse onu barınaktan aldığı. Bir sürü barınak sakinlerinin içinde onu gördüğünde hemen kanı ısınmıştı. O günden bu yana ak kızı da ona tüm sevgisini vermiş ve bir dediğini ikiletmiyordu.

Kar yağışı tamamen durdu. Güneş olmadığı için hava yavaş yavaş soğuyordu. Böyle devam ederse akşama kalmaz don yapardı. Su saatini kapaması gerekiyordu şimdi. Terastaki termometreye baktı, -4'ü gösteriyordu. Gece daha da düşeceğinin belirtisiydi. Eski bir kilimle su saatinin kutusunu iyice sardı. Şimdi içi rahattı. Terasa düşen karlar hafif bir buz tabakası oluşturmaya başladı bile. Ertesi gün için çok dikkatli olmalıydı.

Artık terasta durulacak gibi değildi. Eve girerken gökyüzünde uçan bir kaz alayının aralarında konuşur gibi çıkardığı sesleri geliyordu.

Tienen-Belçika
07.02.2015

KAR GİBİ BEYAZ

Aralık ayının son günleri. Tüm dünyada, her şehir'de, her mahallede, her sokakta ve her evde bir telaş, bir telaş. Kolay değil, artık eli kulağında. Yeni yıl geldi gelecek. Son birkaç güne sıkıştırılmış tüm hazırlıklar son safhasında. Eskiden, anne-babaların çocuklarına aldıkları yılbaşı hediyeleri aralık ayının son gecesi yastıklarının altına veya başuçlarına bırakılırdı. Ertesi gün de çocuklar Noel baba tarafından başuçlarına bırakılan hediyeleri büyük bir heyecanla: -bakın, Noel baba bize ne getirmiş- diyerek anne-babaya koşarlardı.

Tüm dünyadaki bu hareketlilik Hıristiyan âleminde bir hafta öncesi başlar. İsa'nın doğum tarihine denk gelen 25 Aralıktan 1 Ocağa kadar devam eder. Ne olursa olsun evlerinin bir köşesinde çeşit çeşit, rengârenk ışıklarla süslenmiş bir Noel çamı bulundururlar ve hediyeler de bu çamın altına veya dallarına bırakılır.

Herkes bütçesine göre yılbaşı gecesi için çeşitli içkiler ve yiyecekler alır. Alış veriş merkezleri dolup taşar. Bu telaş artık memleketimizde de daha sıkça görülüyor. İsa'nın doğumu için Hıristiyanların Noel gününde uyguladıkları - ışıklı çam - adetlerini burada da uygularlar. Çocuklar, doğum sancısı çeken bayanlar gibi o günün gelmesini sabırsızlıkla beklerler.

*

Ali Bey'lerin evinde de bir telaş vardı. Ama bu telaş diğer evlerdeki gibi değil, daha bir başkaydı. Sevgili eşinin doğum sancıları başlamıştı. Bebek ha geldi ha gelecek. Ali Bey'in annesi evde tüm hazırlıkları yapmış, bir sokak ileride oturan Safiye ebeyi bekliyorlardı. Ali Bey'in dört yaşındaki oğlu da fazla bir şey anlamamakla beraber evdeki hareketliliği oturduğu divandan merakla izliyordu. Bereket versin annesi dört-beş aydan beri Zeki'ye yeni bir kardeş geleceğini söyleyerek onu alıştırmaya başlamıştı. O da kendine göre ne yapması gerektiğini düşünüyordu belki de oturduğu yerden.

Sonunda Safiye ebe elinde kocaman çantasıyla geldi. Ali Bey'i ve küçük Zeki'yi dışarıya çıkardılar. Artık iki doğum vardı. Karısı bir kez doğururken Ali Bey sanki dokuz doğuruyordu. Meraklı bir heyecan içindeydi. Zeki oyuncak otomobilini yerlere ve duvarlara sürterken hiçbir şey düşünmüyordu bile.

Zaman geçmek bilmiyordu sanki. Oysa iki saat geçmişti bile. Sonunda Ali Bey'in annesi elinde havlulara sarılmış bir bebekle odadan çıktı ve oğluna bir kızlarının olduğu müjdesini verdi. Ali Bey göbeği yeni kesilmiş tap taze kızını kucağına alarak odaya girdi ve sevgili karısının anlından öperek kutladı. Çok sevinmişti. İçi içine sığmıyordu. Bebeği eşinin göğsüne yatırarak önce annesinin sonra da Safiye ebenin ellerinden öptü. İkinci çocukları sağ salim dünyaya geldi diye Tanrıya şükrediyordu.

Ne yazık ki bu sevinçleri, bu mutlulukları çok az sürecek, boğazlarında düğümlenecekti. Zira adını Meryem koydukları kızları sakat doğmuştu. Doğum esnasında Safiye ebenin fark edemeyeceği bir sakatlıktı bu. Meryem güneşi göremeyecekti, annesini, babasını, kardeşi Zekiyi tanıyamayacaktı. Doğa kapkaranlık bir dünya olacaktı onun için. Yağmurun sesini, rüzgârın ve cıvıl cıvıl öten kuşların seslerinden başka bir şey hissedemeyecekti. Hiçbir şey görmeyecekti. Ama dünyaya gelmişti. Tabi-i ki ağabeyi Zeki'yle oyun oynayacaktı ama onu göremeden. Sadece hissederek. Sesin geldiği yere başını çevirecek ve görmeden bakacaktı. Ali Bey ve eşi bu duruma elbette alışacaklardı. Buruk olsa da kızlarını yüreklerine basacaklardı. Sevgileri tabii ki sonsuz olacaktı. Yıllar, yılları takip edecek ve yaşam devam edecekti.

***

Telefondaki ses: -Halil Bey grubumuz yarın saat 11.00 de orada olacak. Yarın akşam ve cumartesi günü konserleri bittikten sonra Pazar akşamüstü İzmir'e dönecekler. Organize ettiğiniz bu dinletiler için Derneğimiz adına sizlere teşekkür ediyorum. Sağ olun var olun efendim.-

Türkiye Görme Engelliler Derneği İzmir sorumlusuydu arayan. Bu Derneğin Türk Sanat Müziği Grubu iki konser için Halil'in yaşadığı kasabaya gelecekti.

Halil, kasabanın otellerinden birinde grup için yer ayırttı ve bir de minibüs kiraladı. İki gün sürecek bu turne elemanlarına yardımcı olacaktı. Otobüsten inen sanatçılar birbirlerine tutunmuş göremedikleri kasabaya sakince bakıyorlardı sanki. Eşyaları ve müzik aletlerini minibüse yerleştirdikten sonra otele gittiler birlikte.

Meryem 28 yaşındaydı. Karanlıklarda geçen 28 yıl. Karanlıklar içindeki dünyasına rağmen gittiği okullarda gözlerinin yerine yüreğine işlenen aydınlıkla bakıyordu her şeye. Onun için, kulakları ve elleri, göremeyen gözlerinin yerine kendisini yönlendiriyordu. Engelliler okullarında körler için kullanılan alfabe (Braille) harfleriyle yayınlanmış kitaplarla orta öğrenimini bitirdikten sonra konservatuarda Türk Sanat Müziği bölümünde şan eğitimi almıştı.

Mesleğinde çok başarılı oluyordu. Böylece Görme Engelliler Derneğinin TSM grubuna katılmış, güzel sesiyle konserler veriyordu dernek yararına. Bu arada, kendisi gibi bir müzisyenle hayatını birleştirmiş, tüm konserlere birlikte gidiyorlardı. Cevat iyi bir kemancıydı ve sahnede hep Meryem'in yanında duruyordu.

Halil gurubu otele yerleştirdikten sonra onlar için güzel bir lokanta ayarlamaya gitti.

*

İkinci konser de bir akşam öncesi gibi çok büyük ilgi görmüştü. Öğleden sonra saat 16.00 da Halil tüm sanatçıları kasabanın ören yerlerini gezmeye götürdü. Bu kez onların gözü Halil olacaktı, çok mutluydu. Ama gruptakiler şaşılacak derecede kültürlüydüler. Halil nerede olduklarını söyler söylemez tarihi bilgileri sanatçılar veriyordu. Gözleri yerine parmak uçlarıyla okuyup öğrendikleri bilgilerle sanki birbirleriyle yarışıyorlardı.

Gezilerini bitirmiş, kasabada bir çay bahçesindeydiler şimdi. Akşam yemeğinden önce bir şeyler içmek için geldikleri bahçede çok güzel bir sohbet başlamıştı.

Konu, körlerin rüya görüp görmemeleriydi. Halil kulaklarına inanamıyordu. Her biri anadan doğma kör olduğu halde gördükleri rüyaları detaylarıyla anlatıyor, Halil'i bir kez daha hayretler içinde bırakıyordu. İnsanları, hayvanları, doğayı ve doğadaki renkleri birbirine karıştırmadan anlatıyorlardı. Hani onlar anlatırken gözlerinizi kapasanız kendinizi bir film izliyor gibi hissedeceksiniz. Sonunda renkler üzerinde konuşmaya başladılar. Bunlar bütün renklerden gayet normal bir biçimde bahsediyor ve ne söylediklerini gayet iyi biliyorlardı. Bir ara Halil, -peki arkadaşlar doğduğunuzdan beri hiçbir şey görmediniz. Yaprağın yeşil olduğunu, sonbaharda sararıp yerlerde uçuştuğunu, yediğiniz karpuzun kıpkırmızı rengini, denizin mavi sularında yüzdüğünüzü, velhasıl tüm renkleri gördüğünüzü iddia ediyorsunuz. Sizce beyaz nedir?- diye sorunca Meryem hemen atıldı: -Halil bey, kar gibi beyaz nedir? Siz bana söylermisiniz?- diye cevapladı.

Tienen-Belçika
22.12.2014

***

Dışarıya çıktıklarında
binanın kar görmeyen cephesindeki
kapı girintisinde bir gölge gördü.
Yaklaşıp baktığında bu gölgenin
bir insana ait olduğunu fark etti.
Birkaç karton kutuyu katlayarak
üst üste koymuş,
üzerine eski bir battaniye örtüp
oracıkta büzülmüş yatıyordu.

***

KARA KIŞ

Her sabah alış verişe gidip saat 10.30'da lokantaya dönerdi. Salonun hazırlanması, ısıtılması, mutfak düzeninin hazırlığı vs. bunlar saat 12'ye kadar bitirilmesi gereken işlerdi. Saat 12.15'te ilk müşteriler gelmeye başlardı.

O gün hava birden bire soğumuş ve kar yağmaya başlamıştı. Lokantaya gelene kadar binaların çatıları bembeyaz örtülmüştü bile. Belediye ekipleri hummalı bir şekilde çalışıyor, tuz kamyonları, büyük bir gürültüyle yollardaki donmayı önlemek için tuz serpiyorlardı. Otobanlarda kar küreyen araçlar, geniş bıçaklarını açmış, arkalarında beyaz toz bulutları bırakarak ilerliyordu. Yolun sağ tarafına yığmaya başlamışlardı bile yeni yağan karı.

Lokantasının salonundaki yedek ısıtıcıları da yaktı. Zira dışarısı eksi 7 derece olmuştu bile. Gelen müşterilerden gözlük takanların ilk işi, buğulanan gözlüklerini silmek oluyordu. Kapının dış tarafına koyduğu, küçük kareli demirden paspas çok işine yarıyordu. Müşteriler ayaklarını bu paspasa vurup ayakkabılarındaki karın içeriye girmesini önlüyorlardı.

Kar yağışı devam ediyordu. Bir saatlik hummalı bir çalışma sonunda müşteriler bir anda salonu boşaltmışlardı. Zira gelen müşterilerin hepsi de memurlardan oluşuyordu. Bir buçuk saatin içine sığdırmaları gerekiyordu öğle tatilini.

*

Saat 18.30'da başlayan akşam servisinin sonuna gelmişlerdi yine. 23.30 da mutfağı kapatıyorlardı. Mutfağın temizlenmesi ve masaların toplanması daha zaman alırdı. Cuma akşamları ekseriyetle dolardı lokanta. Genelde bir hafta önceden başlardı rezervasyonlar. Son müşteriler de yavaş yavaş hesaplarını ödeyerek giderler ertesi sabaha kadar dinlenme süresi başlardı.

***

Hemen perdeler, giriş kapısı kapatıldı ve her gece olduğu gibi temizliğe başladılar. Lokantanın yeri bir köşe başıydı. Hafif rüzgârla birlikte yağan kar, binanın diğer tarafını pek etkilemiyordu. Ama ön cephe tamamen kar altındaydı.

Dışarıya çıktıklarında binanın kar görmeyen cephesindeki kapı girintisinde bir gölge gördü. Yaklaşıp baktığında bu gölgenin bir insana ait olduğunu fark etti. Birkaç karton kutuyu katlayarak üst üste koymuş, üzerine eski bir battaniye örtüp oracıkta büzülmüş yatıyordu. Gene evsiz biri diye geçirdi içinden. Bu soğukta dışarıda nasıl yatılır? Tuhafına gitmişti, zira son yıllarda belediyeler ve çeşitli sivil toplum örgütleri, evsizler için yılın en soğuk aylarında sıcak yemek ve yatacak yer veriyordu. Daha önceleri büyük garlar ve metro istasyonlarında barınıyordu bu evsizler. Hatta bu yüzden, Brüksel'deki kapalı garlarda bazen yolcular geçecek yer bulamazlardı. Buralar, ambalaj kartonlarının üzerine koydukları uyku tulumlarında veya kirden renkleri değişmiş battaniyelerine sarılıp uyuyanlar, köpeklerine sarılıp yatan evsizlerle dolup taşardı. Devletin ve sivil toplum örgütlerinin uzattığı bu yardım elinden sonra, bu görüntüler hemen hemen bitmişti. Belediyelere bağlı Sosyal Yardım Merkezleri vardı. Bu kuruluşlar, devlet tarafından finanse edilir, kimsesizlere, evsizlere, fakirlere ve diğer ihtiyacı olanlara yardım ellerini uzatıp, kapılarını onlara hep açık tutarlardı.

Sabahleyin ilk işi, lokantaya gidip kapı girintisindeki adamı görmek oldu. Hala orada büzülmüş yatıyordu. Ona sıcak bir şeyler hazırlayacaktı. Adama hafifçe dokunarak uyandırdı.

Saçı sakalına karışmış bir durumda kan çanağı gözlerle gelene anlamsızca baktı. Gözlerini tamamen açamıyordu. Kırarmış sakalları hemen hemen bütün yüzünü kaplamıştı. Belli ki uzun zamandır tıraş olmamıştı. Bıyıkları da tıpkı sağ elinin işaret ve orta parmağı gibi sigaradan sararmıştı. Üşüyen adama gülümseyerek baktı ve eliyle "gel" hareketi yaptı. Adam uzun boylu, cüsseli biriydi. Hafif öne eğilerek yürüyordu. Lokantaya girince hemen bir çay hazırladı. Bol şekerli ve limonlu çayı içerken yüzünü incelemeye başlamıştı adamın. Renkli ama kızarmış gözleri iri iriydi. Çıkık elmacık kemikleri yüzüne bir başka anlam veriyordu. Çok şeyler saklıyormuş gibi gizemliydi yüzü. Bakışlarında bir asalet seziliyordu. Belli ki kendi dilinden başka bir dil konuşmuyordu. Göz göze geldiklerinde hafifçe gülümsemeye çalışıyordu, o kadar. Tırnakları uzamış olmasına rağmen elleri bakımlıydı.

Aşçısına çorba ısıtmasını söyledi. Ona lavaboyu işaret ederek gereksinimlerini karşılayabileceğini ima etti. Çorbasını da içirdikten sonra birlikte belediyenin evsizler için çalışan yardım merkezine gittiler. Kayıt işlemlerinden sonra dört yataklı sıcak bir oda gösterdiler adama. Temizlendikten sonra da yeni giysiler verilecekti.

Sekiz gün önce başlayan soğuklar tüm acımasızlığıyla devam ediyordu. Radyo ve televizyonlardan verilen bilgilere göre bu böyle devam edecekti. Eksi 12 dereceye kadar düşen hava ısısı, sekiz gün önce yağan karın eriyip yerden kalkmasını önlüyor, her gün azar azar yağdıkça da kalınlığını artırıyordu. Isılarını dışarıya kaçırdıkları için korunaksız eski evlerin saçaklarından uzanan buzdan sarkıtlar, kristal süngüler gibi parıldıyor, ara ara çıkan güneş vurdukça, gök kuşağının renklerine bürünüyordu. Devamlı sıfırın altında kalan hava ısısı yüzünden, bu sarkıtların erimesine olanak yoktu ve gittikçe de uzuyordu. İnsanlar sabahın erken saatlerinde kalkıp evlerinin önündeki kaldırımlara biriken karları temizleyerek üzerine bolca tuz serpiyorlardı. Yayaların herhangi bir mekân önünde buzlanmadan dolayı kayarak düşme sonucu yaralanmalarda, o mekân sahibi hayat sigortası tarafından cezalandırılıyordu. Tabii lokantanın iki cephesindeki yaya kaldırımlarının kardan temizlenip tuzlanmasına aralıksız devam ediyorlardı.

Öğle yemeği sonrası müşteriler birer ikişer lokantadan çıkmaya başlamışlardı. Son müşteri çıkarken bir polis memuru girdi içeriye. Elindeki zarfı uzatırken üzgün gözlerini kaçırıyor, yere, duvara bakmaya çalışıyordu: "Beyefendi, yardım merkezine getirdiğiniz kimsesiz kişi, bugün sabaha karşı odasında kendini asmış. Yatağının üzerine de size teslim edilmek üzere bu zarfı bırakmış, çok üzgünüz."

Tienen-Belçika
30.12.2012

MEKTUP - 1

(incir ağacından ceviz ağacına)

Merhaba sevgili Ceviz kardeşim,

Çoktandır görüşemedik te, bari sana bir mektup yazayım dedim. Sonbahar geldiğinden beri bende de bir telaş, bir telaş sorma gitsin. Her sonbaharda olduğu gibi yapraklarım sararmaya ve dökülmeye başladı. Şimdi, yakınımdaki çınar komşumun yapraklarıyla toprağı bir sarı halı gibi kaplamaya başladılar. Rüzgâr estikçe de hep birlikte bir o yana, bir bu yana raks eder gibi savrulup duruyorlar. Yakında üzerimde hiç yaprağım kalmayacak. Gövdem, tüm beyazlığıyla bütün kış üşüyüp duracak. Gerçi sen de aynı durumdasın ya. Senin de yaprakların dökülmeye başlamıştır. Senin de başın dertte. Yapraklarının dökülmesine mi, yoksa uzun sırıklarla cevizlerinin düşürülmesine mi yanarsın ? Hem insanları besleyeceksin hem de medreselerde cezalı çocuklar gibi sopa yiyeceksin. Acımasızca vurdukları darbelerle kırılan ince dallarınla kimbilir ne kadar canın yanıyordur.

Benim de, ilk bahar gelince taze yapraklarımı koparak çıkan sütle siillerini ve et benlerini iyileştirmeye çalışan insanlara ne kadar kızdığımı billemezsin.

Biz de onların saçlarını çeksek ne yaparlar acaba ? Hele yaz geldiğinde meyvelerim olgunlaştıkça üstüme çıkanlara ne demeli ? İncirlerimi acımaasızca kopardıkları yetmiyormuş gibi uzanamadıkları yerlerde dallarımı çekiştirirken kırmıyorlar mı, işte benim canımı en çok yakan da bu oluyor zaten. Tepeme konup olgun incirlerimi gagalayan göçmen kuşlar aralarında konuşurken duydum. Bazı memleketlerde incir toplama aygıtları geliştirmişler. Hiç canı yanmıyormuş incir akrabalarımın. Ama bizde, çoluk çocuk, büyük küçük herkez üstümde. Gene onlardan duyduğuma göre bazı yerlerde ağaç düşmanları da varmış. Zevkleri için keserlermiş güzelim ağaçları. Bina yapmak için, yol yapmak için ve bir sürü sudan sebeplerle katliam yaparlarmış.

Bir de manzaralarının bozulduğunu bahane edip ağaç kesenler oluyormuş. Zaten bizler birer manzara değilmiyiz ki ? Bazen uzaktaki kuru tepeleri görüyorum da bayağı üzülüyorum. Ne kötü bir görüntü oluşturuyor öyle ağaçsız. Güzelim ormanları kesip yerine evler yapıyorlar. Yaşım yüz yılı geçti, neler gördüm neler. Birçok orman yangınına şahit oldum. Tarla yeri sağlamak için, parsel parsel bölüp arsa yapmak için, maden aramak için ve buna benzer nedenlerle yakılan ormanlar, ölen kardeşlerimiz. Buna ne zaman son verecekler bilemiyorum. Bu göçmen kuşlar da çok yer gezdiklerinden herşeyi görüyorlar valla.

Yangın çıkartılan ormanlarda bir sürü de canlı telef oluyormuş.

* *Denizin Getirdikleri*

Geçen yaz üzerime çıkan insanlar konuşurken duydum. Kızları evleniyormuş, çeyiz olarak tüm mobilyaları ceviz ağacından olacakmış diye. İnan bunları duydukça çok kötü oluyorum. İnsanlar çok acımasız. Sanki biz onlara meyvelerimizle, yaz sıcağında yaptığımız gölgeyle ve çıkarttığımız oksijenle yararlı olmuyormuşuz gibi bir de bizleri kesip yok ediyorlar.

Sevgili Ceviz kardeşim, satırlarıma burada son verirken sana ve tüm ağaçlara sevgili Ozanımızın söylediği gibi, «tek ve hür ve bir orman gibi kardeşçesine» mutlu bir yaşam diliyorum. Mektubunu beklerim.

Arkadaşın İncir ağacı.
Belçika
20.10.2013

***

Her tarafı kirlettikleri yetmiyormuş gibi
bu yüzden çoğalan karasinek ve sivrisineklere
zehirli ilaçlar kullanıp tüm doğayı zehirliyorlar.
Bu yüzden arılar ve çeşitli böcekler
zehirlenip ölüyorlar.
Dolayısıyla bunlarla beslenen kuşlar da
zehirlenmekten nasiplerini alıyorlar.

***

MEKTUP - 2

Merhaba güzel renkli karga kardeşim. Satırlarıma başlamadan önce her şeyin gönlünce olmasını ve nice uzun yıllar yaşamanı dilerim. Nasılsın? Umarım tüm ailecek iyisinizdir. Yuvamdayken duyduğum seslerinizle son derece mutlu oluyorum. Soğuklar da artık azaldığından, daha çok yere konup yemek işlerimizi halletmeye çalışıyoruz. Bahar gelince yaşam epey kolaylaşıyor bizler için. Sizler de epey şanslısınız. Zira insanlar tarlalarını sürmeye başladılar.

Sahildeki ağaçlarda da yerleşmek epey zorlaşmaya başladı. Geçen yıl eylül ayında yaptığım yuvamızı yıktı insanlar. Sayfiye diye ev yaptıranların bir kısmı sanki doğaya düşman. İlk fırsatta ağaçları yok etmekteler. Ağaçları budamak değil adeta katliam yapıyorlar. Tüm dertleri bu. Yok, efendim ağaçların dalları denizi görmelerini engelliyormuş. Madem çok görmek istiyorsun sen de kumsala git ve seyret denizini. İşte dostum bu insanlar, tam da bizim yuva yaptığımız dalı kestiler. Bereket versin yavrularımızı uçurmuştuk. Yoksa hepsi de ölürdü. Buna benzer bir olayla karşılaşmıştım iki yıl önce. İnsanın biri evinin damını aktarıyordu. Kiremitlerin altına büyük bir serçe ailesi yuva yapmış. Tam da kuluçka zamanı. İşte o insan hiç acımadan bizim serçelerin tam yedi yumurtasın sokağa atıverdi, hepsi kırıldı. Çok üzüldük çok. Serçe ailesine çok acımıştım. Hem yuvasını yıktılar, hem de tüm yumurtalarını sokağa attılar. Zavallılar akşamüstü yuvalarına döndüklerinde bu acıyla karşılaşmaları çok üzücüydü. Geçenlerde onlardan birini gördüm, koca aile dağılmış, hepsi başka yerlere ayrı ayrı yuvalarını kurmuşlar. Ne yazık ki bu yıl çoğalamadılar.

Bir de sayfiye diye deniz kenarına yerleşen insanların tüm düşmanlıkları sadece bizeymiş gibi geliyor bana. Her tarafı kirlettikleri yetmiyormuş gibi bu yüzden çoğalan karasinek ve sivrisineklere zehirli ilaçlar kullanıp tüm doğayı zehirliyorlar. Bu yüzden arılar ve çeşitli böcekler zehirlenip ölüyorlar. Dolayısıyla bunlarla beslenen kuşlar da zehirlenmekten nasiplerini alıyorlar.

Vallahi ne yalan söyleyeyim şöyle yüksek bir dalın tepesine tüneyip şakır şakır ötmekten korkar olduk. Bir sürü genç insan ellerinde tüfek bizleri gördükleri yerde öldürüyor, soyumuzu tüketmeye çalışıyor. Oysa onlara güzel şarkılar söylüyoruz. Geçenlerde eşimle, bir yazlıkçının bahçesindeki koca çınarın dalına tünemiştik. Onları konuşurlarken dinledim de: Güya Avrupa Ülkelerinde serçe, karatavuk, karga ve buna benzer nesli tükenmekte olan kuşları öldürmek yasakmış. Ne güzel değil mi? Vallahi o insanların omzuna konar orada öterim ben. Ne yazık ki bizim buralarda tam tersi.

Geçenlerde civar tepelere doğru uçuyordum. İnsanlar traktörlerle tarlaları sürüyordu. Pullukların çevirdiği toprak rengârenk ovada ne güzel bir renk armonisi oluşturuyordu. Bu toprağı süren traktörlerin hemen arkasında yüzlerce martı topraktan çıkan solucan ve böcekleri çığlık çığlığa toplamaya çalışıyordu. Tarla beyaz bir halıya dönüşmüştü martılardan. Oysa martılar, denizden faydalanamayan bizlerin yiyeceğine ortak olmuşlar hatta çoğunluğa bile geçmişlerdi. Ama onlara da hak vermek gerekiyor. İnsanların denizleri de talan etmesinden sonra tabii ki martılar da yiyeceklerini karada arayacaklar. Gün geçtikçe artan amatör ve profesyonel balıkçılar, oltalarıyla, ağlarıyla, serpmeleriyle, gırgır ve trolleriyle denizde hiçbir canlı bırakmamacasına katliam yapıyorlar. Denizin dibindeki tüm faydalı otları kazıyorlar.

Bir de eskiden bizim buralara insanlar arı kovanları yerleştiriyorlardı. Ama onlar da görünmüyorlar artık. Doğada yeşeren yabani otlar, rengârenk kır çiçekleri, papatyalar, gelincikler bambaşka bir güzellik katıyorlardı doğaya. Bal arıları ve çeşitli böcekler bu çiçeklerden beslenirlerdi hep. Ama ne yazık ki sayfiyeye gelen insanlar rahatsız olmasınlar diye bu güzel bitki dokusunu da zehirli ilaçlarla yok ettiler.

Neyse karga kardeşim, satırlarıma son verirken sağlıklı ve iyi bir yaşam dilerim. Allah bu insanlara acıma hissi versin.

Selam ve sevgilerimle…
Kardeşiniz Karatavuk.

Tienen-Belçika
2015

***

Bir ara kendine geldiğinde
elinde kırmızı ipekten bir şal tutuyordu.
Şalı yüzüne götürdü ve sokağın sol tarafındaki
yeşil panjurlu eski Rum evine dalarak
derin derin kokladı.

***

OKUNAMAYAN MEKTUPLAR...

Önce şapkasını sonra da ceketini çıkarıp parktaki yıllanmış atkestanesi ağacının altındaki tahta banka oturdu. Hafiften terlemişti. Bankın üzerine bıraktığı ceketinin cebinden mendilini çıkartıp terini kurulamaya başladı. Kırarmış saçları şakaklarına yapışmıştı terden. Parkın fer forje'den güzel bir biçimde işlenmiş koyu yeşil renkli büyük kapısı çok görkemliydi. Karşıdaki sokağın sol tarafındaki Rum evleri restore edilmiş, yağlı boya ile boyanmış ahşap panjurlar güneşte parlıyordu. Yolun sağ tarafı ise kasabanın belediyesi tarafından istimlâk edilmiş epey geniş bir alan elde edilmişti. Rumlardan kalma ulu ağaçların olduğu küçük meydanla birleştirilip büyük bir parka dönüştürülmüştü.

Bir ara kendine geldiğinde elinde kırmızı ipekten bir şal tutuyordu. Şalı yüzüne götürdü ve sokağın sol tarafındaki yeşil panjurlu eski Rum evine dalarak derin derin kokladı.

Bu onu, yıllar öncesine götürüverdi.

"Hoş geldiniz. Bu ne güzellik böyle?" diye başlamıştı konuşmaya kasabalarındaki etnografya müzesine doğru giden bir gurup kızın en arkada yürüyeni ile. Bu sözler üzerine otobüslerinden daha henüz inmeleri ve bahar havasının sıcaklığı ile birleşince Gülümserin yanakları al al olmuştu hemen."ben Yalçın" diye ekledi ardından. Aynı anda grupla birlikte müzenin basamaklarını çıkmaya başlamışlardı. Etnografya müzesine birlikte girdiler. Bir tek bayan öğretmen vardı başlarında. Gülümserin arkadaşları çok anlayışlıydılar. Bu ikilinin etrafını sarmışlar öğretmenlerinin görmesinden koruyorlardı onları adeta. Müzenin arkasındaki reyonlara bakarken, "bana adını söylemeyecek misin?" diye sordu Yalçın. " Gülümser, ama bana herkes Gül der." diye mahcup bir biçimde cevapladı yanakları al al.

İkisi de büyülenmiş gibi bakıyor, gözlerini birbirinden ayıramıyorlardı. Bir anda el ele tutuşmuşlardı hiç farkına varmadan. İkisi de çok heyecanlıydı. Yalçın nereden geldiklerini sorup öğrendi. Gül'ün oturduğu kasabadaki kız sanat enstitüsünde okuduğunu ve son senesi olduğunu, okul bitince de İstanbul'daki Olgunlaşma Enstitüsüne gitmek istediğini bir çırpıda öğrenmişti. Yalçın da Lise son sınıf öğrencisi olduğunu, liseyi bitirince de İstanbul'da teknik Üniversiteye gidip babası gibi elektrik mühendisi olmak istediğini anlattı. Artık çok iyi tanışıyorlardı! Hemen kalemini çıkarıp küçük not defterine adresini yazdı ve Gülün eline tutuşturdu. Bu arada o kadar çok yaklaşmışlardı ki Gülün hala pembeliğini koruyan yanağına bir öpücük konduruverdi. Gül hiç çekinmeden uzanıp Yalçın'ın beklemediği bir anda dudağından öpüp hızla az ötede fıkırdayan arkadaşlarının arasına karışıvermişti bile. O hızla tüm kızlar otobüslerine bindiler. Gül otobüsün arka penceresindeki koltuğa dizlerinin üzerinde durarak elindeki kırmızı şalı Yalçın'a sallıyordu. Otobüs gözden kayboluncaya kadar Yalçın da hiç kımıldamadan arkasından iki kolunu da sallayarak öylece baktı kaldı.

Yılsonu sınavları başlamış, havaların da sıcak gitmesiyle temelli ağırlaşmıştı. Gül'den gelen mektup her sınava girdiğinde o ders kitabının sayfaları arasında duruyordu. Yalçın, şimdiye kadar üç mektup göndermişti ancak ilk gelen mektuptan sonra Gül'den bir daha mektup gelmemişti nedenini bulamadıkça içi içini yiyordu. Bütün bu düşüncelere rağmen Yalçın son derece başarılı bitirmişti liseyi. Artık ders çalışma sorunu olmadığı için karşılıksız da olsa Gül'e her hafta bir mektup yolluyordu.

*

Yalçın babası ile birlikte İstanbul'a gidip teknik Üniversiteye kaydını yaptırmıştı. Okulların açıldığı bir ay olmuştu ve Gül'den hala bir haber yoktu. Bu arada İstanbul'u da yavaş yavaş öğrenmeye başlamıştı. Gül'ün Beyoğlu Olgunlaşma Enstitüsünde okumayı düşündüğü aklına geldi ve oraya gitti. Okulun dağılma saatini bekledi. Tüm öğrenciler çıkıp gittiler ama aralarında Gül yoktu. Ümidini kestiği bir anda az ileride bir kızın vitrinlere baktığını gördü ve "Gül !" diye bağırarak kızın omzuna dokundu. Omzuna dokunduğu kız büyük bir telaşla" ne oluyorsunuz?" diyerek geri çekilince o olmadığını gördü ve orada şaşkınlık içindeki bayandan özür diledi. Yalçın cevap alamadığı ve sevdiği kızı hiç unutamıyor, haftada bazen üç mektup gönderiyordu Gül'e. Ne olursa olsun ilk sömestr tatilinde o kasabaya gidip bu kördüğümü çözecekti.

Otobüs kasaba meydanında durdu. Muavin: " Son duraaaak'' diye bağırınca Yalçın da araçtan inip valizini aldı. Muavine merkeze yakın iyi bir otel olup olmadığını sordu. Aldığı cevaptan ilerdeki meydanın köşesinde bir otel olduğunu öğrendi.

Otel kâtibi camekânlı bankosunun ardında başını arkaya kaydırmış bir vaziyette uyukluyordu. Küçücük camekânın içerisinde tüplü bir ısıtıcı onu belli ki gevşetmişti. Yalçın cebinden çıkardığı bir 25 kuruşla cama birkaç kez vurunca Ali ağa kanlanmış gözlerini ovuşturarak kendine geldi. Dişsiz ağzından acayip bir "buyur beyim''çıktı. Tıraşsız yanakları içe göçmüş, uzun kıllı avurtları da inadına dışarı fırlamıştı. Altına aldığı sol bacağını zorla indirerek ayağa kalktı. Yalçın bir oda istediğini ve birkaç gün kalabileceğini söylediği zaman Ali ağa yanına gelmişti bile.

Otel eski bir konaktan düzenlenmiş taş bir binaydı. Alt katta dört oda büyük bir salon, üst katta da aranje edilmiş sekiz oda vardı. Sadece iki adet banyo ve tuvaletle idare ediyorlardı. Kış aylarında pek kimse gelmezdi ama yazın hiç boş yer kalmazdı. Ali ağa iki penceresi de hükümet meydanına bakan bir odayı açtı. Odada üç yatak vardı ama müşteri olmadığı için bu odada tek başına kalabilirdi. Hem de tek yatak fiyatına.

Odasında dolap yoktu. Duvara koca çivilerle çakılmış büyük bir askı vardı sadece. Valizini boş yataklardan birine koydu, elbiselerini ve çamaşırlarını duvardaki askıya ve diğer boş karyolaya yerleştirdi. Hemen aşağıya inip Ali ağa'dan bazı şeyler soracaktı. İki lokanta adresi aldı. Onlarda hemen otelin karşısındaydı. Biri cızbızcı, diğeri de daha lüks bir yerdi. Ama köftecinin sabah çorbaları nefisti. Eğer isterse diğer lokantada günlük taze balık ta yiyebilirdi.

Daha erkendi şöyle bir kasabayı dolaşmalıydı. İlk görmek istediği yer sevgilisinin oturduğu sokaktı. Meydandan denize doğru yürüdü. Çok büyük olmayan bir koyu vardı kasabanın. Sahildeki Arnavut kaldırımlı sokak, Rumlardan kalma çok güzel taş evlerle doluydu. Her evin arkasında küçük bahçeleri vardı. Bu evler kasabanın yerlilerine aitti. Tüm pencerelerde rengârenk sardunyalar hafif esen rüzgârın tesiriyle oynaşıyordu. Evlerin önündeki limon ve turunçlar, güneşe karşı en çekici renkleriyle göz alıyordu. Bilhassa yediveren limonlarda açan çiçeklerin muhteşem kokusu insanın ciğerlerine kadar işliyor ferahlatıyordu. Gün batımına doğru kasabanın kayalıklardan oluşan tepesine kadar gitmişti. Gittikçe kızıllaşan güneşle birlikte deniz de renk değiştiriyor, koyu kırmızı büyük bir ayna gibi göz almaya devam ediyordu. Artık güneşin ısıtıcı gücü kalmamıştı, akşam serinliği yavaş yavaş rutubetli bir soğuğa dönüşmeye başlamıştı. Hafiften karnının acıktığını hissetti bir anda. Bu akşam Ali ağanın dediği gibi "Löküs" lokantaya gidecekti. Taze balık varsa bir duble de rakı içecekti. Tepe mahalleden merkeze doğru yürürken köşesinde büyük bir mermer çeşmesi bulunan sokağın adına takıldı gözleri birden. "Değirmenler sokağı!" adeta bağırırcasına söylediği bu sokak sevgilisinin oturduğu sokaktı. Bir koşuda 14 numaraya kadar gitti. Sokak lambasının kör ışığıyla aradığı evi gördü sonunda. Yeşil panjurları sımsıkı kapalı, hiçbir hayat emaresi yoktu evde. Kapıyı çalmayı çok isterdi ama kapı açılınca ne diyecekti?

İçi kıpır kıpır bir halde "Löküs" lokantaya gitti.

Sabah meydandaki çınarlardan gelen cıvıl cıvıl kuş sesleriyle uyandı. Kumrular bazen duraklayarak, bazen de hiç durmadan on beş- yirmi sefer ötüyorlar. Serçe, karga ve saksağan seslerine katılan yanık martı sesleri yurttan sesler korosu gibi yeni günü müjdelemekteydi. Tıraş olup hemen aşağıya indi. Ali ağa her zamanki yerinde uyuklamaktaydı. Açık duran dişsiz ağzından nefes alıp verdikçe çukur yanakları şişip şişip tekrar çukura kaçıyor, yanakları çukurlaştıkça tıraşsız yüzü daha da kararıyordu. Onu hiç uyandırmadan sessizce otelden çıktı.

Neredeyse bütün gününü Değirmenler sokakta geçirdi. Bazen sokağın köşesindeki mermer çeşmenin başında oturuyor, bazen de sokağın sonundaki küçük meydanda atkestanesi ve çınar ağaçlarının altında dolaşıyordu ama 14 numaralı evde hiç bir kıpırtı göremiyordu. Bu böyle tam dört gün süreyle monoton bir biçimde devam edip durdu. Otel, lokanta, değirmenler sokağı ve sahilde küçük deniz kabuklarını toplamak gibi. Artık kasabadan ayrılma zamanı gelmişti. Sevdiği kızı kimselere soramamıştı. Küçücük kasabada dedikoduya sebep vermek istemiyordu. Zaten kasabanın yabancısı olduğu hemen anlaşılmıştı. O gezdikçe birçok meraklı göz de kendisini takip ediyordu. İkinci günden sonra tedirgin bir biçimde geziyordu kasabada. Kaderine razı olacaktı artık. Belki de babasının başka bir yere tayini çıktı ve oraya taşındılar. Ama şimdiye kadar Gül'e gönderdiği tüm mektuplara ne olmuştu? Bütün bu düşüncelerle köşedeki köftecide akşam yemeğini yedi ve biraz deniz havası almak için sahile indi.

*

Otobüsü akşamüstü saat 17.00 kalkıyordu. Sabah uyandı, güzelce giyindi ve tüm eşyalarını valizine yerleştirdi.

Aşağıya indiğinde Ali ağa simitleri ve tulum peynirini almış onu bekliyordu. Üç günden beri Ali ağayla gerek simit gerekse börekle kahvaltı yapıyorlardı küçücük camekânlı kulübesinde. Tabii ki hemen yan taraftaki kahveciden çayları kendi gidip alıyordu. Simitler bitince Yalçın gene tur atmaya gitti. Her sabahki gibi kalbi kıpır kıpırdı. Değirmenler sokağının köşesindeki mermer çeşmenin gür suyu ile heyecandan alev alev yanan yüzüne birkaç avuç su çırptı. Kaynak suyu çok lezzetliydi, kana kana suyunu içtikten sonra ellerini yüzüne götürdüğü anda az ilerideki o eski Rum evinin yeşil panjurlarının ve çift kanatlı ahşap sokak kapısının ardına kadar açık olduğunu gördü. Heyecanı şaşkınlığıyla karışmış bir tuhaf oluvermişti. Ellerini ceketinin arkasında ve koltuk altlarında kurulayarak eve doğru yürümeye başladı. Artık nasıl yürümekse? Yürümekle sürüklenmek arası bir şeydi. Ayakları birbirine dolanıyor, sanki bir kâbustaymış gibi o ilerlemeye çalıştıkça birileri onu geriye doğru çekiyordu. Eve iyice yaklaşmıştı. Kapıdan elinde süpürge ve kürek, başı beyaz tülbent örtülü bir hanım çıkmıştı. Saçları ağarmış, yüzünde derin çizgiler oluşmuş bu yaşlı hanım Gül'e çok benziyordu, annesi olmalıydı. İyice yaklaşmıştı yaşlı bayana. Heyecanı doruktaydı. Yüzü sararmış, dudakları kurumuştu. Boğazı tıkanır gibi olmuştu. Kupkuru, pürüzlü ve hırıltılı bir ses ; "Gül'' çıkıverdi yarı açık dudaklarının arasından. Bu kupkuru, aynı zamanda canı yanarcasına attığı çığlık ondan mı çıkmıştı öyle. Bu kez şaşırma sırası beyaz tülbentli kadına gelmişti, elindeki süpürgeyi ve küreği yere bırakıp karşısındaki gence ağlamaklı bir tebessümle dudakları titreyerek "Yalçın? Sen Yalçın'sın değil mi evladım?" diyebildi ve hamalların sırtlarındaki pamuk hararını atar gibi kendini kapını ünündeki mermerden geniş basamağın üzerine bıraktı. Yalçın afallamış bir halde onun yanına adeta çöktü. Uzun süre öyle kaldılar. Sonunda yaşlı hanım Yalçın'ı elinden tutarak evin içerisine çekti. Birlikte, evin taşlığındaki ahşap merdivenlerin gıcırdayan basamaklarından ağır ağır yukarı kata çıktılar. Üst kattaki üç odadan tam karşıdakine girip duvar kenarındaki divana oturdular. Beyaz tülbentli hanım cesaretini toplayıp tekrar Yalçın'ın ellerinden tuttu ve gözlerinin derinliğine bakarak ağır ağır konuştu. "Evladım, ben Gülseren'in halasıyım. Burası da Gül için hazırladığım oda. Bilhassa dersleri yoğun olduğu zamanlar ve hafta sonları bende kalırdı.'' Yalçın hem dinliyor hem de odaya göz gezdiriyordu. Küçük meydandaki ağaçlara bakan iki pencerenin orta yerinde duvara dayanmış bir masa, üzerinde de iki adet büyütülmüş ve cam çerçeveye konmuş iki fotoğraf. İlk önce yanlış gördüğünü sanmıştı ama birinde kendi fotoğrafı, diğerinde de Gül'ün fotoğrafı vardı. İki çerçevenin arasında kırmızı bir şala sarılı büyükçe bir paket duruyordu.

"Geziden döndüğünden beri bende kalıyordu. Tabi i ki anne ve babasının farkına varmaması için de bu evin, benim evin adresini yollamıştı sana. Senden gelen ilk mektubu açarken ne heyecanlıydı anlatamam. İlk önce kendisi okumuş sonra da bana okumuştu mektubunu. İçinde göndermiş olduğun küçük resmi masanın üzerine bırakırken, -Halacığım bunu daha sonra büyütürüz- demişti. Sonra masasına oturup sana ikinci mektubu yazmaya başladı. Bir süre sonra heyecanlı bir biçimde merdivenlerden inerek bana –Halacığım, ben Yalçın'ı çok sevdim. Ne olur babamlara henüz bir şey söylemeyelim– diyerek boynuma sarıldı. –ben hemen bu mektubu postaya vereyim- dedi ve kapıdan fırladı. Gidiş o gidiş yavrum. Sokakta karşıdan karşıya geçerken süratle giden bir arabanın altında kalarak hemen oracıkta can vermiş. Ben ancak birkaç saat sonra bu acı haberi aldım. Güzel Gülümüzü kaybettik Yalçın! Sizler sağ olun. Hepimizin başı sağ olsun." Yalçın donmuş kalmıştı. Ne yapacağını, ne yapması gerektiğini bilmeden öylece kalakalmıştı. Hala, çekinmeden ağlayabilmesi için Yalçın'ın başını kendi omzuna koydu ve saçlarını okşamaya başladı. Bu arada Yalçın'a Gül'ün ölümünden bir hafta sonra annesi ve babası da elim bir trafik kazası geçirdiklerini ve kaldırıldıkları hastanede çok kısa bir yaşam savaşından sonra ikisinin de öldüklerini anlattı. Yalçın tüm bu felaketleri taş kesilmişçesine dinledi. Epey bir süre öylece kaldılar. Yalçın ağladı, ağladı. Sonra ayağa kalkıp bir hayalet gibi odada dolaşmaya başladı. Gül'ün Halası kırmızı şaldan paketi Yalçına verirken hıçkırmamaya bin özen göstererek: "Oğlum bu şal ona benim hediyemdi ve onu çok severdi. Sizin oradan ayrılırken sana bu şalı salladığını anlatmıştı bana. İşte yavrum bu şalın içinde senden gelen ama bir türlü okunamayan mektuplar var. Bu fotoğrafı da geçen yıl çektirmişti. Ben hem onun hem de senin fotoğrafını büyültüp burada hatıra olarak sakladım. Allah sizlere ömür versin."

Yavaşça, birer hayalet gibi aşağıdaki taşlığa indiler. Yalçın kapıdan çıkarken, beyaz tülbentli hanıma: " size Hala diyebilir miyim?" dedi ve göğsüne sımsıkı bastırdığı okunamamış mektuplarıyla sokak başındaki mermer çeşmeye doğru yürüdü.

Tienen-Belçika
12.03.2015.

***

Gökyüzünü parçalarcasına
titreten gök gürültüleri
civar dağlara doğru uzaklaşmaya başlamıştı.
Şimdi evin önündeki yoldan sular
gürül gürül akıyor,
insanların umursamadan yollara attıkları
çöpleri sürüklüyordu.

***

RAKI, BALIK, FIRTINA

Rüzgâr sertleşmeye başlamıştı. Hızını gittikçe artırıyordu. Evin önündeki elektrik tellerinden ıslık sesleri yükseliyordu. Karşıdaki adanın üzerini kapkara bulutlar kaplamış, ara ara çakan şimşeklerin aydınlığıyla koyu gri bir renk alıyordu. Sert kavisler çizerek yıldırıma dönüşüp adanın tepesine kadar iniyordu. Birkaç saniye sonra da derin bir uğultuyu andıran gök gürlemeleri duyuluyordu. Ana karanın üzerinde hava parçalı bulutluydu. Arada kendini gösteren kış güneşi, çok parlak olmayan ışıklarını koyu gri bulutlara gönderirken, dalgalanmaya başlayan denizde de çok güzel renkler oluşturuyordu. Açık denizdeki dalgaların sırtları beyazlaşmaya başlamıştı. Sahile yakın yerlerde denizin yüzü kırış kırış olmuş, koyu laciverte dönüşmüştü. Artan rüzgârın sesine dalgaların kumsalda parçalanmasından çıkan sesler karışmış, insanın ruhunu dinlendiren bir müziğe, senfoniye dönüşmüştü sanki.

Rüzgâr sertleştikçe elektrik tellerinden çıkan sesler bir uğultu halini aldı. Fırtına başlamıştı artık. Denizden karaya doğru esiyor, önündeki çalı çırpıyı büyük bir toz bulutu içinde sürükleyip duruyordu.

Ahtapot avına çıkan balıkçı tekneleri, açılmış oldukları yerlerden kıyıya iyice yaklaşarak körfez şehrindeki balıkçı barınağına doğru dönmeye başlamıştı artık. Fırtına mutlaka artacaktı. Cep telefonlarından aldıkları haber böyleydi. Hemen limana dönmeleri gerekiyordu. Fırtınanın sesi, çeşitli uğultular, dalga seslerinin arasında balıkçı teknelerinin motor sesleri de duyuluyordu. Bir uzaklaşıp, bir yakınlaşarak gelen bu motor pat patları birbirine karışarak eko yapıyor, bu ses cümbüşüne katkıda bulunuyordu sanki.

Bu akşam dört arkadaş rakı balık yapacaklardı meyhanede. Dün akşamdan kararlaştırmışlardı. Bu sabah Şafak'la Haldun tekneleriyle balığa çıkacaklardı. Avladıkları balıkları da birlikte yiyeceklerdi. Limana dönen teknelere baktıkça ağzı sulanmaya başladı.

Adanın üzerindeki kara bulut kitlesi yıldırımlar yağdırarak anakaraya doğru yaklaşmaya başlamıştı artık. Gök gürültüleri de düşen yıldırımların ardından sesini gittikçe yükselterek kükremeye başlamıştı. Fırtına çoğalıyor, öndeki kumsalda ne bulursa etrafa savuruyordu. Deniz iyice coşmuştu. Beyaz dalgalar, binlerce koyundan oluşan bir sürü gibi kıyıya yaklaşıyordu. Güneş artık rengi koyulaşmaya başlayan bulutların arkasındaydı. Bulutların rengi koyulaştıkça deniz de onu takip ediyor, koyu lacivert renkten koyu griye dönüşüyordu. Bu arada gözleri kamaştıran bir yıldırım düştü yakınlara. Hemen ardından da kulakları sağır eden ve evin camlarını titreten gök gürültüsü, bir ses bombası gibi patladı. Mutlaka çok yakınlara düşmüştü yıldırım. Hemen ardından da fırtınayla birlikte beklenen yağmur tane tane düşmeye başladı. Çok iri damlalar büyük bir hızla çatıya, otomobilin üzerine düşüyor adeta trampet çalıyordu. Artık damla değil sağanak halinde yağmaya başlamıştı yağmur. Elli metre ilerisi zor görünüyordu. Denizden tekne falan geçmiyordu şimdi. Sadece fırtınayla yağan yağmurun sesi ve denizin devamlı kükremesi kalmıştı. Buna da sık sık düşen yıldırımlardan sonra müthiş bir gürültüyle patlayan gök gürültüleri ekleniyordu sadece. Sağanak yağmur tüm şiddetiyle devam ediyor, civarda dolaşan ne kadar kedi köpek varsa saklanabilecekleri bir barınak bulabilmek için koşuşturuyordu. Bir saat önce çevredeki ağaçlarda cıvıldaşan kuşların her biri yuvalarına sığınmış, sessizce fırtınanın geçmesini bekliyordu.

Gökyüzünü parçalarcasına titreten gök gürültüleri civar dağlara doğru uzaklaşmaya başlamıştı. Şimdi evin önündeki yoldan sular gürül gürül akıyor, insanların umursamadan yollara attıkları çöpleri sürüklüyordu. İnsanların başkalarını ve temizliği düşünmeden her yere attıkları naylon torbalar, meşrubat kutuları, boş sigara paketleri vs. bir resmigeçit gibi akıntıya kapılmış önünden geçiyordu.

Fırtına ve yağmurun şiddeti azaldıkça karşı adadaki evlerin camları da bulutların esirliğinden kurtulan güneşin vurmasıyla parıldamaya başlamıştı.

Yağmur dindi, rüzgâr durdu ve güneş açtı artık. Kuşlar kendilerini gösterip seslerini duyurmaya başladılar. Yaklaşık bir saat devam eden fırtına ve yağmur, yerini pırıl pırıl bir kış havasına bıraktı. Uzaktaki dağlarda koyu gri bulutların arkasında çelenkleşen muhteşem gök kuşağı canlı renkleriyle güneşin galibiyetini ilan ediyordu. Sonunda, tüm doğaya hayat veren güneş kazanmıştı.

Bahçeye çıkmış, doğanın bu güzel kompozisyonuna hayranlıkla bakıyordu. Kedi, bacaklarına sürtünerek dolaşıyor ve mırıltılarını duyurmaya çalışıyordu adeta. Güneşin ışıklarıyla bahçedeki bitkilerin yaprakları üzerinde oluşan damlacıklar birer elmas parçası gibi parlıyor, ölü dalgaların kumsala vurarak çıkardığı sesler bir masalın sonunu anlatıyordu sanki. Az ötede, denize akan küçük derecik, şiddetli yağmurun dağlardan sularına kattığı toprağa bulanarak, güneşle tekrar mavileşen denizde, çamurdan bir sınır çizercesine kıyı boyunca genişlemeye başlamıştı.

Şiddetli fırtına ve dev dalgaların getirdiği çalı çırpı, çok sayıda plastik torba, pet şişe, çeşitli içki kutuları ve akla gelmeyecek daha birçok atık kumsala yayılmıştı. Doğa sanki insanlardan öç alıyor, ayıpları için yüzlerine tükürüyordu adeta.

Telefonu uzun uzun çaldı. Arayan, arkadaşı Özcan'dı: "Haydi be yahu, balıklar hazır."

Tienen-Belçika
20.12.2013

SEVGİ

Yazın en güzel günlerinden birini daha bitirmek üzereyiz. Ağustos böcekleri -son günlerini yaşadıklarını bilircesine- var güçleriyle çalgılarını çalarken, yılın son sıcaklarını da haber veriyorlar sanki. İki gündür deli gibi esen rüzgâr; yerini, yaprakların bile kımıldamaya cesaret edemediği sakin, uslu bir havaya teslim etmiş bugün. Dışarıda yaşam devam ediyor... İnsanlar koşuşturuyorlar. Bir o yana, bir bu yana gider gelirken kafalarında bin bir düşünce; kimisi telaşlı, kimisi rahat, kimisi düşünceli, kimisi neşeli, kimisi üzgün... Ama yaşam devam ediyor...

"Bir gün daha bitiyor" diye geçirdi kafasından denizin uslu uslu nefes alıp verişine dalgın bakarken. Oldum olası gün batımı hep duygulandırmıştır onu... Onda, bazı insanlarda olduğu gibi, "gün batarken dua edip, yedi adet taşı, bir dilek tutarak denize atmak ve bundan bir medet ummak" inancı yoktu. O, sevgili karısının hazırladığı kavun ve beyaz peynirin yanında bir kadehçik rakısını ağır ağır yudumlayarak gün batımına eşlik ederdi; en büyük zevklerinden biriydi bu... Bütün günün yorgunluğu da ancak böyle atılırdı işte. Denizden geçen balıkçı teknelerinin motorlarından gelen 'pat pat'lar, ağustos böceklerinin, kumruların, serçe ve kırlangıçların seslerine karışıp güzel bir senfoniye dönüşüyordu. Karatavukların hüzünlü nağmeleri de, Deniz Kızı Eftalya'nın asıldığı gazel gibi güzel bir renk katıyordu bu senfoniye. Bu doğal senfoniye ayak uydurarak rakısından küçük küçük yudumlar almaya başlamış; hayallere dalmıştı. Çok uzaklara; yıllar öncesine götürmüştü bu ortam onu.

***

Her zamanki köşe başında bekliyordu sevgilisinin gelmesini. Bir saat gecikmişti. Ama o hala büyük bir azimle beklemeye devam ediyordu.

Üç ay olmuştu tanışalı. Yaz mevsiminin son günlerinde bir deniz macerası buluşturmuştu ikisini. Küçük bir sahil kasabasından kalkan motorla, koyları gezmeye çıkmışlardı. Tesadüf, onları orada buluşturmuştu. Yanaştıkları bir koyda ayağı kayıp denize düşünce, hareketlerinden yüzme bilmediğini anlamış, motor'dan atladığı gibi kurtarmıştı onu... O günden beri haftanın iki-üç günü buluşuyorlar, tatlı tatlı sohbet ediyorlardı.

Her geçen gün daha da yakınlaşmaya, birbirlerini sevmeye başlamışlardı. Kız zenginlerin yoğun olduğu güzel bir semtte oturuyor, ziraat fakültesine devam ediyordu. O da meslek lisesini bitirmiş mobilyacı olmuştu. Epey fakir olduklarından okuduğu yıllarda çeşitli marangoz ve mobilya atölyelerinde çalışmıştı. Bir atölye açacak maddi imkânı olmadığından iş arıyordu kendine. Askerden döneli yedi ay olmuştu. Ufak tefek işler bulup babasına yük olmamaya çabalıyordu. Ama bu durumundan sevgilisine nedense hiç bahsetmemişti. Motor gezisi dönüşlerinde kızın çok şık bir arabaya binip gitmesi onda, bazı kompleks'ler oluşturmuş moral'ce adeta çökertmişti. İlk buluşmaları çok lüks bir pastanede gerçekleşmiş, tanışmanın verdiği heyecanla da ne olduğunu, gerçeği söylememişti. Kız arkadaşı da aynı heyecanı paylaştığından mı nedendir, soramamıştı ona ne yaptığını bir türlü.

*

Bugün tam bir hafta olmuştu sevgilisine gerçekleri anlattığı. Tüm detaylarıyla her şeyden bahsetmişti. Bu arada büyük bir müteahhit firmadan da iyi bir iş teklifi aldığını müjdelemişti. Kız buna çok sevinmişti. İşte o gün evlenme kararı da almışlardı. Kızın son senesiydi ve evin tek kızıydı. Ailesine nasıl olsa sözünü geçirirdi. Babası biraz zordu ama ne yapıp yapar; annesiyle bir olup bunun üstesinden gelirdi. Yaz sonu da düğünleri olurdu.

İki saati geçmişti yağmur altındaki bekleyiş. Üşümeye de başlamıştı artık. Ellerini birbirine sürterek ısıtmaya çalışıyordu. Hareket etmediğinden daha çok üşüyordu. Sevgilisinin oturduğu evin sokağına doğru baktı bir ara. Karar vermişti, evlerinin önünden geçecekti. Nasıl olsa onu kızdan başka kimse tanımıyordu. Belki camdan birilerini görürdü. Evet, oraya kadar gidip evin önünden geçecekti. Yağmur dinmiş, yerini, epey soğuk esen hırçın bir rüzgâra bırakmıştı. Böylece biraz ısınabilirdi hareket ederek. Sokağı döner dönmez ilerdeki bahçeli evin önünde otomobiller ve bir kalabalık gördü. Tam da sevgilisinin evlerinin önüydü. Kalabalığa doğru büyük bir merakla yürüdü. O da heyecanlanmıştı. Orada bulunan herkes bir telaş içinde bir o yana bir bu yana gidip geliyor ve aralarında konuşuyorlardı. İkide bir evden yana sanki bir haber bekliyorlarmış gibi bakıp duruyorlardı. Kalabalığa sokuldu. Ne olduğunu anlamak istiyordu o da. Ne de olsa sevdiği ve evlenmeye karar verdikleri kızın eviydi. Evin bütün ışıkları yanıyordu. Kalabalığın bir kısmı bahçeye girmiş sessizce bekleşiyordu. Bir anda evin kapısı açıldı bembeyaz saçlı, yaşlı bir bayan kalabalığa doğru Aysel'in babasının mesajını iletti. Aysel kurtulmuştu ama hastanede kalması gerekiyordu.

Orada toplanan kalabalık konuşarak dağılmaya başladı.

O, bunu duyar duymaz yayından boşanmış bir ok gibi fırladı ve hastaneye doğru uçarcasına koşmaya başladı. Demek yağmurun altında beklerken geçen ambulans onun içindi. Artık üşümeyi bırak, terliyordu koşarken. Ne kadar koştuğunun farkına bile varmadan kendini hastanenin bahçesinde buldu. Doğru acile yöneldi ve içeri girince Aysel'in nerede olduğunu sordu. Yoğun bakımda özel bir odaya naklettiklerini söylediler. Kim olduğunu soran görevli hemşireye ağabeyi olduğunu söyleyip Aysel'in bulunduğu odaya doğru koştu. Bir süre odanın hafifçe aralık duran kapısı önünde bekledi. Ne yapacağını bilemiyordu. İçeriye doğru bir göz attı. Odada iki doktor, bir hemşire, anne ve babası olduğunu tahmin ettiği iki kişi daha vardı. Aysel bitkindi, hafif aralık duran gözlerle çok sakindi. Oh yarabbim sevgilisini sağ salim görmesi onu bir hayli rahatlatmıştı. Ama ne olduğunu çok merak ediyordu. İçeriden biri; " evladım birine mi baktın?" diye seslendi. O da hiçbir şey düşünmeden; " Aysel... Aysel'e bir şey mi oldu?" diyebildi ancak boğazı kuru. İçeride, Aysel'in annesi olduğunu tahmin ettiği bayan, sanki o olduğunu biliyormuşçasına ona dikkatlice bakarak; "Evladım evin bahçe merdivenlerinden inerken yağmurdan kayıp düşmüş. Hamdolsun sağlığı yerinde yarın röntgen çekilecek." Zorla; " geçmiş olsun" diyebildi kapının önünden uzaklaşırken. Çok tuhaf olmuştu. Kendini suçlu hissediyordu. Zira Aysel mutlaka onunla buluşmaya gelirken düşmüştü.

Sabaha karşı sessizce evlerine girdi yattı ama uyku tutmuyordu. Saat 10 da yatağından kalktı, tıraş oldu, annesinin zorla verdiği çayı içip evden çıktı. Güzel bir buket çiçek yaptırıp doğru hastaneye gitti. Aysel ayni odada kalıyordu. Dün gece kapılarının önünde gördüğü yaşlı bayan, annesi, babası ve iki doktor odadaydılar. Hepsi de çok endişeli sesleri çıkmadan bakışıyorlardı. Doktorlardan yaşlı olanı kızın başucunda çene kemiklerini sıkmış bir şeyler söylemeye hazırlanıyordu ki elinde Aysel'in çok sevdiği sonbahar çiçekleriyle odaya girdi. Aysel, sevgilisinin odaya girdiğini görünce yanakları hafifçe pembeleşerek ona doğru tebessüm etmeye çalıştı. Çiçekleri masanın üzerine bırakıp odanın bir köşesine çekildi. O anda yaşlıca olan Doktor ; " Mehmet Bey, tıbbın bize müsaade ettiği ve öğrendiğimiz her şeyi deneyip Aysel kızımızı yürütmeye çalışacağız" dediğinde boğuk bir hıçkırık bozdu odanın sessizliğini. Babasının gözlerinden sessizce yaşlar döküldü. Aysel ağlayamıyordu. Buğulanmış gözlerle sevdiği erkeğe bakıyordu sessizce.

***

Ağustos sonuydu. Düğünleri olacaktı birkaç gün sonra. Aysel annesiyle birlikte babanın gönlünü almışlar, İsmail'le evlenmesine razı etmişlerdi. Sade bir nikâh'tan sonra bir yurt içi balayına çıkmışlar, balayı dönüşlerinde

Aysel'e babası tarafından hediye edilen deniz kenarındaki evlerine yerleşmişlerdi. Bir süre sonra da İsmail kayınpederinin yardımlarıyla büyük bir marangoz ve mobilya atölyesine kavuşmuştu...

***

Önündeki kadehin boşaldığının nedense çok sonra farkına varmıştı. İkinci kadehini doldurmaya başladığında gün batmış hava kararmak üzereydi. Sevgili karısı da ona iyice sokulmuş, güzel sesiyle hicaz bir şarkı mırıldanıyordu yaşam boyu bağlı kalacağı tekerlekli sandalyesinde...

Kabakum-Dikili
04.01.2009

BERGAMA'nın BAĞLARI

Rahmetli babam;1946 yılında, "Çocukların sünnetinde bu çamların altında rakı içeceğim" demiş, çam fidanlarının dikildiği gün, emektar bahçevanımız Tevfik Ağabey'e. O gün tam altı tane çam fidanı dikmişler ve babam, bizim sünnet olduğumuz gün, boyları henüz bir metreyi bulan çamlardan birinin altına iyice çömelip rakısını içmiş. Bir de fotoğrafını çektirmiş öyle, iki büklüm!

***

Bergama´da Beyler Sokandaki bağ kulesinin (bağlarda oturmak için inşa edilmiş evlere "kule" derler) önüne, yaz günleri gölge yapsın diye dikilmiş bu çamlar. Mübadele yıllarında babam ve halamın Selanik'teki mallarına karşılık aldıkları bu dört dönümlük bağın, –sonradan bitişiğimizdeki dört dönümlük bağları da bir dostundan satın almışlar- kalın duvarları kerpiçten inşa edilmiş iki katlı bir kule'si vardı. Kulenin duvarları o kadar kalındı ki ben genç bir delikanlı olduğum halde hâlâ pencere içinde rahatça bağdaş kurup oturabiliyordum. Küçükken de ağabeyimle ikimiz pencere içine yan yana oturup ayaklarımızı dışarıya sallardık. Kulenin alt katı yazın öyle serin olurdu ki öğleyin hiç terlemeden rahatça uyuyabilirdik. Tabii sinekleri kovalamak şartıyla! İlk önce kepenkler iyice kapatılır, oda iyice karanlık olur kapı da hafif aralık bırakılarak odadaki sinekler iki koldan birer havlu veya tülbentle kapı içine doğru kovalanırdı. Ben bu işi en iyi rahmetli halacığımla çok keyif alarak yapardım. Odanın uzak köşelerinden sinekleri kapıya doğru kovalardım, Halam da sinekler o tarafa geldiğinde kapıyı hafifçe aralayıp, onları dışarıya kovalamak için elindeki havluyla son işlemi yapardı ve "Oh! İşte şu kör olasıcıları kovaladık!" diyerek galip geldiğimizi vurgulardı.

***

Şehre dört beş kilometre uzaklıktaki bağlar, Bergamalı eski Rumların yaz aylarının bunaltıcı sıcaklarında serinlemek ve doğaya daha yakın olabilmek, topraktan daha fazla yararlanabilmek, kış ayları için kendi elleriyle yetiştirdikleri ürünleri, (kuru üzüm, kuru incir, pekmez, şarap, lokum, pestil, vb.) hazırlamak için birkaç aylığına göç ettikleri sayfiye yeriydi. Gerçekten bağlar Bergama'dan beş altı derece daha serin olurdu. Geceleri de ısı bayağı düşerdi. Bazen yatarken örtündüğümüz pamuklu pikeler yetersiz kalır, yorgan bile gerekirdi.

Daha önceleri, - kuvvetli su motorlarıyla yer altı sularının talan edilmesinden önce- bağ kulemizin güneyinde bir yelken vardı. Sekiz metre yüksekliği olan bu yelken, kalın kalaslardan inşa edilmiş dört bacak üzerinde dönerken, rüzgâra meydan okuyan büyük bir dev gibi gelirdi bana. İki metre çapındaki bu devin pervanesinin yelkenleri brandadandı. Babamlar bunlara "bez" derdi. Büyük bir armut şeklindeki kuyruğu bu devi, rüzgârın geldiği yöne çevirir ve bol rüzgâr alan yelkenin hızla dönmesini sağlardı. Pervanenin aşağıya ve yukarıya hareket ettirdiği uzun demir çubuk, tulumbaya girip çıkan pistonu çalıştırırdı. Dokuz metre derinden çekilen su çok gürdü. Dış yüzlerine Romen lahitlerini anımsatan şekiller oyulmuş mermer bir havuza akardı yelkenin çektiği sular. Hacmi iki ton kadardı. Suyumuz öyle gür akardı ki rüzgârın normal estiği günlerde bile yarım saatte dolardı havuz. Çok sert estiği zamanlarda, yelkene çıkılır ve bezlerden birkaç tanesi pervanenin yarıçapını oluşturan çıtalara sarılırdı. Bir de yere kadar inen kalınca bir fren teli vardı. Suya gereksinim olmadığı zamanlar bu tel iyice çekilip yelkenin bacağına çakılmış bir çiviye bağlanır, böylece frenlenmiş olurdu. Rüzgârsız günlerde ise "Haydar! Haydar!" diye gökyüzüne bakarak bağırılırdı. Herhalde yağmur duasına benzer bir şeydi bu da. Rüzgâr çağrılırdı sanki böylece!

Tevfik Ağabey bahçeden çok iyi anlıyordu. Her sebzeyi, hemen hemen seracılık turfandasında yetiştirirdi. Domates, biber, patlıcan, fasulye, börülce, bamya, kabak, salatalık gibi sebzelerin yanı sıra aklınıza gelebilecek tüm meyveler de vardı bağlarımızda. Babam çok meraklıydı. Yalova'dan, Bursa'dan, İzmir Balçova'dan çeşitli meyve fidanları getirtilip bağlara dikilirdi. Malatya şekerparesi, Bursa şeftalisi, mis kokulu İtalyan eriği, envai çeşit armutlar, incir ağaçları, çeşit çeşit üzüm asmaları... Daha sonra babam küçük havuzu yetersiz bulduğu için kulemizin batıya bakan kısmına on tonluk bir havuz yaptırmıştı. Biraz yüksekte inşa edilen bu havuz sayesinde bağlarımızın dört bir yanına su gidiyordu. "Koca havuzdu" bu. Annemlerden gizlice yüzerdik buz gibi sularında. Bu bizim en büyük eğlencemizdi. Ama su çok soğuk olduğu için annem hep titizlenirdi üşütüp hastalanmayalım diye.

Babamın muayenehanesinden bağlara dönmesine birkaç saat kala Tevfik ağabeyin olgunlarını seçip kopardığı karpuz ve kavunlar, soğuması için havuzun buz gibi sularına atılırdı. Küçük havuz da Rum zamanında olduğu gibi şimdi sadece bağ bozumu zamanı üzümleri ezmek için kullanılıyordu bizde de. O da "Küçük havuz" olmuştu artık. Şarapana da deniyordu.

Hele çiçeklerimiz... Onlar bir harikaydı. Sekiz dönümlük bağın aşağı yukarı bir dönümlük yerinde bin bir çeşit çiçek vardı. Tüm bağ komşularımız Tevfik Ağabey'den çiçek fidanları istemeye gelirdi. Çeşitli güller, dalyalar, karanfil ve sarı yıldızların yanı sıra, sebze bahçesindeki karıklar arasına serpiştirilmiş mis kokulu fesleğenler... Halacığım kokulu ve koyu kırmızı mayıs güllerinden şurup yapardı. En olgun gülleri toplayıp güzelce yıkadıktan sonra yapraklarını limontuzlu suda üç dört gün bekletip şişelere doldururdu. Şekerli suyla karıştırıp içerdik. Kışın bile mis kokulu gül şurubu bulunurdu evimizde.

Gün batımına yakın saatler bağlarda en önemli anlardı. Bir yanda halam yemeklerle uğraşırken diğer tarafta annem de salata ve mezeleri hazırlamakta, bizler kâh süzgülü tenekeyle yerleri sulamak, kâh sofrayı hazırlamakla hummalı bir çalışmaya girişirdik. Benim görevlerimden biri de yediveren üzüm asmasından salatalara koymak için koruk toplamak ve onları iyice yıkadıktan sonra mermer havanda suyunu çıkarmak için ezmekti. Gece kuşları, (yarasa) güneş batar batmaz uçuşmaya başlardı. Bunlar bize babamızın gelme saatini vurgulardı. Babamın iki tekerlekli, dört kişinin rahatça oturabileceği, deri koltuklu bir faytonu vardı o yıllar. "Brik" derdik biz ona. "Oğlum" da atının adıydı. Brik'in kauçuk kornasından gür sesli kazlar gibi bir ses çıkardı. Bağlar sokağına girerken bu kornayı çalınca, biz çocuklar tüm işleri bırakıp iki kanatlı sokak kapısını açmaya koşardık. Oğlum, çektiği brik'i nerede durduracağını çok iyi bilirdi. "Hoş geldiniz baba, hoş geldiniz baba!" diye bağrışarak araba durana kadar peşinden koşardık. Arkadaki deriden örtüsü olan bagajı hemen boşaltır, mutfağa götürürdük. Babam da her zamanki gibi üzerini değişir, bir güzel serinledikten sonra sofraya otururdu. Tabii o arada kavun ve beyaz peynir eşliğindeki mezelerle, yemekten önce içeceği iki "kadahçık" rakısı küçük "karafakisinde masaya konmuştu.

***

Anılarımdan silinmeyen bu tablo içinde, çamların altında, Bergama'nın Dişçi Koca Hayri'si olan babam rakısını içmektedir.

Belçika / 2015

***

Uzun yıllardan beri
Belçika'da kaldıkları halde bir türlü
burada konuşulan dillerden birini
öğrenememişlerdi.
Bu yüzden de kendilerinden
biraz daha açıkgöz olan ahbaplarından
yardım beklerlerdi.

***

TRAMVAY DURAĞINDA

90 numaralı tramvay durağında beklerken karşı kaldırımda konuşan iki gence takıldı gözü. Yüksek sesli, ama anlaşılır değildi konuşmaları. Biraz dikkat edince Türkçeye benzer bir şeyler konuştuklarını anlayabildi. Birkaç dakikadır oradaydılar ve ancak 15 kişilik bir grubun çıkartabileceği gürültü yapıyorlardı. Öğretmenleri gelmeyen bir sınıftaki çocukların bağrıştığı gibi. Bunlar çok uzun yıllar önce Brüksel'e göçmen olarak gelmiş Türk ailelerin çocukları veya torunlarıydı mutlaka. Evlerinde aile büyüklerinin konuştuğu şiveyle konuşuyorlardı. Belli ki Afyon, Emirdağ köylerinden gelen ilk kafilenin çocuklarıydı. Konuşmalarında çok sık Fransızca kelimeler de kullanıp meramlarını anlatabiliyorlar, gürültülerine devam ediyorlardı.

Brüksel büyük şehrine bağlı iki belediye vardı ki, burası artık bir Türk mahallesi olmuş pek Belçikalıya rastlanmıyordu. Evler, Türkler tarafından satın alınmış lokantalar, kahveler, bakkallar, berberler ev eşyası satanlar, yeminli tercümanlar, eczacı ve doktorlar Türk'tü hep. Hatta bunlara: Milletvekilleri, Senatörler, Belediye Başkanı ve Meclis üyelerini de eklemeliyim.

Uzun yıllar öncesi, Belçika'ya ilk geldiği günler geçmeye başladı gözlerinin önünden. Her biri birer "getto" halini alan kahvehanelerde gün boyunca konken oynanır sadece günde birkaç kez oradan ayrılırlardı. Öğle ve ikindi namazı için hemen herkes camiye doluşur göstermelik görevlerini yaparlardı. Zira camiye gitmeyenler fişlenir ve kötü gözle bakılırdı onlara. Akşam olunca da evlerine gidip yemek yerlerdi. Birçoğu emekli olmuş, işsiz kalmış veya hasta raporu almış bu insanlar Belçika'dan maaşlarını alıyorlar ve her türlü sosyal hizmetten yararlanıyorlardı. Aldıkları bu paraya bir de çocuk maaşını eklerseniz, yaşam tarzlarına göre geçimleri gayet iyiydi. Çok da kurnazdılar. Bazı aileler çocuklarının bir bölümünü Türkiye'de bıraktığı halde burada, Belçika devletinden alıyorlardı Türkiye'de bıraktıkları çocuk maaşlarını da. Uzun yıllardan beri Belçika'da kaldıkları halde bir türlü burada konuşulan dillerden birini öğrenememişlerdi. Bu yüzden de kendilerinden biraz daha açıkgöz olan ahbaplarından yardım beklerlerdi. Hatta bu işi ekmek teknesine dönüştürenler de çoğalmaya başlamış, kendilerine birer kazanç kapısı açmışlardı.

Kadınlar da başka bir âlemdi. Hayatları, geldikleri köylerindeki gibi geçiyordu. Sadece sabah ve akşam ikişer saat temizlik yapmaya gidenler olurdu aralarında. Süper marketlerde veya ofislerde, açılış saatlerinden önce ve sonra işbaşı yapıp hemen evlerine dönerler. Küçük çocuklarını onlardan birkaç yaş büyük olan ablalarına teslim edip ayrılırlardı evden. Aynı köylerindeki gibi evde yaptıkları tepsi böreklerini başlarında taşıyarak, mahalle fırınlarına götürenler de çoktu. Her yaz Türkiye'den aldıkları giysilerini giyerler ve o şekilde de Brüksel sokaklarında dolaşırlar. Hatta güneşli günlerde, yakınlarındaki parklara gidip banklara yanlamasına oturup altında pijama gibi pantolonlarına rağmen eteklerini dizlerine kadar çekerek güneş banyosu yapanlara bile rastlarsınız.

Nisan ve mayıs aylarında bir canlanma yaşanır Türklerin arasında. Haziran sonu, temmuz başı tatiller başlayacaktır. Yeni bir otomobil almanın zamanıdır. Türkiye'ye gidebilmek için en uygun araç bir minibüstür. Zira hemen hemen ailelerin hepsi çok çocukludur. Gri renkli, çatısında mutlaka büyük bir bagajı olan "Ford transit" en ideal araçtır. Minibüsün çatısında çoklukla Avrupa'da dokunan makine halıları, mutfak eşyaları, burada kestikleri koyunlardan kırptıkları yapağılar, vs. bulunurdu. Hatta küçük beton karma makineleri bile yüklenirdi arabalara. İçinde ise 4-5 çocuk ve aile büyükleri. Yola çıkmadan bir gün önce yollukları hazırlayıp arabaya doldururlardı. Yolda üç gün boyunca hep onlar yenir. Akşamdan da minibüsün çatısı yerleştirilip naylon bir örtüyle sıkı sıkı örtülürdü. Dönüşleri de gene minibüsün çatısı dopdolu gelirlerdi. Çuvallar içinde kuru soğan, yeşil ve kırmızıbiber, patlıcan, hatta domates bile olurdu. İpe dizilmiş bamya ve patlıcan kuruları vs. Bunlara tarhana, makarna, bulgur, nohut, kuru fasulye ve hatta un bile dahildir. Böylece uzun bir süre Türkiye'den getirdiklerini tüketerek geçinip giderlerdi.

*

Tramvay hareket etmişti, camdan dışarıya, karşı kaldırımdaki gençlere baktı ama artık görünmüyorlardı.

Belçika-Tienen
04.02.2013

***

O akşam
Ali yemekten sonra eve dönerken
pırıl pırıl yıldızlarla süslü gökyüzüne bakarak
bağırmak, haykırmak istiyordu.
Dağlara çıkıp sevdiği kızın kurtulacağını
taşlara, kayalara bağıra bağıra
söylemek istiyordu.

***

UMUT

Okulların açıldığı onbeş gün olmuştu. İzmir yine yazdan kalma bir sıcak güne sahne olacaktı. Akşamdan, okul için ayırdığı kitaplarını son bir defa daha kontrol edip yaşlı ev sahibesinin hazırladığı sabah kahvaltısı için aşağı kata indi. Burası sokaktan, taş merdivenlerle çıkılan siyah taşlarla döşenmiş evin girişiydi. Taşlık derlerdi. Kapıdan girince solda büyük odanın kapısı vardı. Sokağa bakan küçük pencereyle oda kapısı arasına bir divan konulmuştu. Yazın sıcak günlerde, sokak kapısı ardına kadar açılır ve bu divanda oturulurdu serinleyebilmek için. Taşlığın tam karşısında büyük bir mutfak vardı. Evin arkasında bulunan avluya mutfağın bahçe kapısından çıkılırdı. Avluda bir mandalina, iki de turunç ağacı vardı. Evin üst katını, iki arkadaş kiralamışlardı. Artık üniversite yıllarını anne-babadan ayrı bu evde yaşayacaklardı. Bu babasının fikriydi. Daha özgür olur, sorumlulukları artardı. Böylece hayata ilk adımlarını atacak, adam olmaya başlayacaktı.

Evlerinin bulunduğu, Arnavut kaldırımlı dar sokaktan yüz metre kadar yürüyüp ana caddeye çıkılıyordu. Bir gün önce okul çıkışında Kemer altından geçerken çok beğenerek aldığı yeni ayakkabılarını giymişti. Kaldırım taşlarının düz yerlerine basarak yürüyordu. Yeni ayakkabılarının burunlarını taşlara vurmasın diye devamlı önüne bakıyordu. Ama o yere geldiğinde ayakkabılarını boş verip, yolun sağındaki evin ikinci katına bakmak için başını hafifçe kaldırdı. Evet, yine o güzel gözlerle karşılaştı. Yemyeşil bir çift göz gülümseyen yüzünü iki büyük zümrüt parçası gibi süslüyordu. Gülümserken ağzının iki yanı hafifçe yukarıya doğru bükülüyor, her iki yanağında çok sevimli birer gamze oluşuyordu. Bugün tam bir hafta olmuştu; birbirilerine -merhaba- demeye başladıkları. Oysa okulların başladığı ilk günden beri onu ayni saatte hep o pencereden sokağa bakarken görüyordu. Göz göze geliyorlardı. O birkaç saniyelik göz göze geliş, bütün gün Ali'nin aklından çıkmıyordu. Ama bugün, -daha dün akşam kendine söz vermişti-; mutlaka konuşacaktı onunla. "Merhaba'dan" sonra pencerenin tam altında durdu ve yukarıya bakarak; " sizi çok merak ediyorum. Her sabah hep pencereden selamlaşıyoruz. Siz hiç dışarıya çıkmaz mısınız? Öyle sakatlar gibi hep pencerenin önünde mi oturursunuz?" Pencere'den aynı gülümsemeyle; "Bir dakikanız varsa hemen aşağıya geliyorum. Bekler misiniz?" diyerek kayboldu. Evin sokak kapısı açıldığında Ali gördüklerinden şoke olmuş bir biçimde ne yapması gerektiğini bilemeden öylece taş kesilmişti.

O zümrüt gözlü güzel kız, aynı penceredeki gibi güzel gamzelerini çukurlaştıran gülümsemesiyle; "evet gördüğünüz gibi sakatım. Adım Serpil," tekerlekli sandalyenin arkasında duran hanımı ima ederek; "annemi tanıştırayım; Gülden."

"Memnun oldum ben Ali." diyebildi güçlükle. Ama Serpil morali gayet düzgün ve neşeli bir ses tonuyla; "herhalde sakatlığım çok uzun sürmeyecek. Çok yakında

İngiltere'ye ameliyat olmaya gidiyorum." Ali duruma hakim olmaya çalışarak; " geçmiş olsun, öyle kötü bir gaf yaptığım için çok özür dilerim. Umarım ameliyatınız başarılı geçer" dedi. Serpilin annesi de büyük bir olgunlukla gülümseyerek Ali'ye; "Evladım dua edelim de sizin söylediğiniz gibi olsun. Gerçekten de çok umutluyuz! Bu arada; siz bu mahallede yenisiniz galiba?" Ali; "evet efendim Ziya Beylerin evinin üst katını kiraladık iki arkadaş. Nasipse okul bitene kadar burada kalacağız." Anne; "memnun oldum evladım, inşallah başarılı olursunuz. Tekrar görüşmeyi ümit ediyorum. Böylece Serpil de çok yalnızlık çekmez ameliyata gidesiye kadar. Dilediğiniz zaman eve gelin, bekleriz." Serpil; "Tabii, pencereden kuru kuru (merhaba) olmaz, bekleriz" diye ekledi. Ali; "evet söz veriyorum ziyaretinize geleceğim şimdilik müsadenizle" diyerek oradan kalbi bin parça olmuş bir biçimde, yaptığı hatayı düşünerek okulun yolunu tuttu.

*

Yine bir akşam yemeğindeydi. Serpil Ali'yi davet etmişti. Tanıştıklarından beri; gerek kahvaltı, gerek öğle yemeği, gerekse akşam yemeğine sık sık davet ediyorlardı Ali'yi. Serpilin babası Ahmet Bey göz doktoruydu. Okul arkadaşı Hüseyin Bey kemik uzmanı olarak doktora yapmaya gittiği İngiltere'de kalmış ve Profesör olmuştu. İşte bu nedenle Hüseyin Beyin himayesinde gidecekti Serpil İngiltere'ye ameliyat olmaya. Babasının büyük bir güveni vardı arkadaşına. Bütün masrafları o üstlenmişti. Çok uzaktan da akraba oluyorlardı.

Yemekte Ali'ye müjde verir gibi, ayni gün gelen telgrafı okuyordu Ahmet Bey. (Ayın 18 inde ameliyata hazır olun!). Daha 15 gün vardı ama tüm hazırlıklar zaman alabilirdi. Serpil de ayni anda öğrendi ameliyat gününü. Kısa süren sessizliği yine Ahmet Bey bozdu; "yarın nasipse uçak biletlerimizi alacağım. Ali'ciğim artık sen de bir evladımız sayılırsın, Bizim yokluğumuzu hissettirmezsin Gülden Teyzene." Ali; "Tabii Ahmet Bey amca. Aslında ben de Londra'ya gelmek isterdim ama ne var ki yaklaşan sınavlara hazırlanmam gerekiyor. Hem Gülden Teyze de burada yalnız kalmamış olur."

Ali ve Serpil aralarında anlaşıp okul bittikten sonra evlenmeye karar vermişlerdi. Ali bunu babasına ve annesine açtığı zaman, düşündüğünün tam tersine çok olumlu yanıt almıştı. İşte bundan sonra da Serpilin anne ve babasına durumu açıkladılar. Babası ilk önce karşı çıkar gibi oldu ama sonra olurunu verdi. Ahmet Bey, Ali'nin bu kararı bir acıma hissinden kaynaklanabileceğini düşündü ilk önceleri, ama aralarındaki ilişkinin çok ciddi ve içten olduğu da gözünden kaçmıyordu. Bir aydan beri de birbirilerine olan içtenlik daha da artmıştı tüm ailenin.

O akşam Ali yemekten sonra eve dönerken pırıl pırıl yıldızlarla süslü gökyüzüne bakarak bağırmak, haykırmak istiyordu. Dağlara çıkıp sevdiği kızın kurtulacağını taşlara, kayalara bağıra bağıra söylemek istiyordu. Yattı ama uzun süre uyuyamadı. Sabaha karşı kendi sesiyle uyandı. Halâ; "gel, koş koş!" diye bağırıyordu. Sabahleyin okula giderken rüyasını anlatmak için Serpil'lere uğradığında Ahmet Bey de evden yeni çıkıyordu. Rüyasında Serpil' i papatya ve gelinciklerin kırmızı-beyaz boyadığı bir tarlada kendisine doğru koşarak geldiğini görmüştü. Her zamanki gamzelerini gösteren gülüşü yoktu. Sadece Ali' ye bakıyordu o zümrüt gözleriyle. Bembeyaz bir gelinlik giymişti. Ama o koştukça aradaki mesafe daha da büyüyordu sanki. Ali de ona doğru ilerleyerek; "koş, koş daha hızlı, daha hızlı!" diye bağırıyordu. Evdekiler; "hayır olsun inşallah! Hayırdır..." diyerek Ahmet Bey'i ve Ali'yi uğurladılar. Böylece Ali de okula yayan gitmeyecekti. Ahmet Bey'in muayenehanesi okulun hemen karşısındaydı.

*

Günlerden 18 Haziran. Yaz sıcakları başlamış, etrafı kavuruyordu adeta. Serpil ve babası sağ salimdiler. Hemen her gün akşam telefonlaşıyorlardı. Her ikisinin de morali gayet iyiydi. Tabii bu arada Serpil mektup ta yazıyordu Ali'ye. Orada çok heyecanlı olduğunu belirtmeden edemiyordu. Ameliyata bir hafta kala Serpil'i hastaneye yatırmışlardı. Gece gündüz kontrol altında tutuluyordu. Ahmet Bey doktor dostunun evinde kalıyor, her gün de hastaneye gelip kızına moral veriyordu. İşte bu akşam da ameliyat sonucunu öğreneceklerdi. Gülden Hanım ve Ali çok heyecanlı. Adeta taş kesilmişlerdi telefonu beklerken. Hatta yemek bile geçmemişti boğazlarından. Sadece birbirilerine bakıyorlar, hiç konuşmuyorlardı. Evde çıt yoktu. Nefeslerini tutmuşlardı sanki. Televizyonu bile açmak istememişlerdi. Hele Ali bu gün okula bile gitmemişti. Akşam saatlerine kadar Kordon'da dolaşmıştı. Nereye gittiğini, ne yapacağını kestiremiyordu hiç. Akşam 19.30 da Sepil'lerin evine geldiğinde Gülden Hanım'ı sokak kapısı önünde beklerken buldu. Hiç konuşmadan elini öpüp içeriye girdi. Dakikalar çok acımasız, bir türlü ilerlemiyordu sanki.

Telefon çaldığında ikisinin de yüzüne renk geldi. Yanakları pembeleşti. Gözleri parıldadı. Gülden Hanım telefonun ahizesini büyük bir heyecanla kaldırdı; "alo... kızımmmm. Nasılsın? Geçmiş olsun! Oh çok şükür tanrıma!" bir müddet sessiz kaldı; "aman tanrımmm şükürler olsun. Zaten başarılı bir ameliyat geçireceğinden emindim ben." Gene sessizlik; "Canım kızım tekrar geçmiş olsun. Bak Ali'yi veriyorum. Öpüyorum çok çok seni. Babana çok selam, Hüseyin Beylere şükranlarımı ilet, görüşürüz..." Ali; "geçmiş olsun meleğim. Tanrı seni çok seviyormuş. Ona şükürler olsun. Seni bize bağışladı." Sessizlik ; "Artık bir an önce iyileşmeni bekliyorum. Seni sevgi dolu hasretle kucaklıyorum meleğim. Hoşça kal" sessizlik; "evet mektupların geldi. Ahmet Bey amcaya saygılarımı ilet lütfen. Bizim evden de kucak dolusu selam ve sevgiler. İyi akşamlar. Bak anneni veriyorum tekrar". Telefon kapandıktan sonra ikisi de sessizce ağlıyordu ama sevinç içinde. Sevinç gözyaşlarıydı döktükleri. Ali işaretle "ben gidiyorum" demek istedi ve sokağa dar attı kendini. İçi içine sığmıyordu. Evet melek yüzlü Serpil'i kurtulmuştu. Eve dönüp bağıra bağıra ağlayabilirdi artık. Mutluluktan uçarcasına evine döndü.

*

Serpil'in ameliyat yerleri çabucak iyileşmiş, fizik tedavilerine başlamıştı bile. Rahat bir biçimde yürüyebiliyordu. Fakat çabucak yoruluyordu. Bunun için de daha bir süre form tutmak için fizik tedavilerinin devam etmesi gerekiyordu. Ahmet Bey kızının hızla iyileştiğini görünce Türkiye'ye dönmüştü. Nasıl olsa arkadaşı Hüseyin Bey Sepil'e çok iyi bakıyordu. Profesör'ün kızı da tıp fakültesini bitirmiş ve ayni hastanede staj yapıyordu. Çok sık görüşüyorlardı Serpil ile. Bu arada hastanede birçok arkadaş ta edinmişti. Onun iyileştiğini ve gün geçtikçe daha iyi yürüdüğünü görmek tüm hastaneyi sevindiriyordu. Hemen hemen herkes Serpil'in adını biliyordu. Bu arada İngilizcesi epey ilerlemişti. Her şey iyi, hoş tu ama Serpil iki şeye alışamamıştı. Birincisi Ali idi.

Onun hasretine alışamamış, hayali gözlerinin önünden hiç gitmiyordu. Kaldığı odada komodinin üzerine güzel bir çerçeve içerisinde koyduğu fotoğrafa uyuyasıya kadar bakıyor, bakıyordu. Bir de Londra'nın gri gökyüzüne. Hastanenin bahçesinde yürüyüş çalışmaları yapmak ona bir işkence gibi geliyordu. Filmlerdeki Londra'dan hiçbir farkı yoktu. Ama olsun herhalde kısa bir süre sonra memleketine, sevdiği erkeğe, annesine ve dostlarına kavuşacaktı. İzmir'i çok özlemişti. Her zaman ya babasının arabasıyla, ya da tekerlekli sandalyesiyle gezdiği İzmir' ini içine sindirircesine yürüyerek gezecek, görecekti. Ali'nin koluna girip Kordon'da piyasa yapacaktı. Bunun provasını yaptı hastane'de defalarca. Sanki Ali ile yürüyormuş gibi hasta bakıcının koluna girip yürüyordu. Yüzmeyi çok merak ediyordu şimdi. Yazlık evlerinin terasından denizde yüzenleri gördükçe tuhaflaşırdı hep. Şimdi yüzmeyi de deneyebilecekti. Sevgili Ali'si mutlaka öğretirdi ona yüzmesini. Yatağında yattığı zaman bacaklarını yukarıya kaldırıp ayaklarına, ayak bileklerine, dizlerine bakabiliyor, nasıl olduklarını görebiliyordu. Şimdiye kadar hiç yapamadığı şeyleri yapmak istiyordu artık. Kafasına koymuştu; evine dönünce seksek oynayıp ip atlayacaktı. Bisiklet'te vardı hayalinde. Çocukluğundan beri hep kıskanmıştı bisiklete binenleri. Otomobil kullanmayı pek düşünmüyordu artık, zira Ali'nin yanında oturmak ve o kullanırken Ali'sini seyretmek daha iyi olacaktı. Daha neler, neler. Eve döneceği günü iple çekiyordu.

*

Bu sabah Ali erkenden kalktı duşunu aldıktan sonra giyinip kahvaltı için aşağıya indi. Masada duran günlük gazetesine şöyle bir göz attı. Sinirliydi. İçi içine sığmıyordu. Bugün büyük bir gündü. Bir hafta önce Serpil in anne ve babası

Londra'ya gitmişlerdi. Kızları tamamen iyileşmişti. Gülden Hanım da çok istiyordu oraya gitmeyi. Birkaç gününü, arkadaşları Hüseyin Beylere ve bazı hastane çalışanlarına hediye almakla geçirdi. Kızlarının yeniden hayata dönmesi için büyük çaba harcamışlardı. Bu hediyelerden binlerce kat fazlasına layıktılar. O da ince eleyip sık dokuyarak tüm hediyeleri büyük bir incelikle seçip aldı. Beğenirlerdi mutlaka. Kızına da birkaç kat giysi aldı. Londra'dan gelen fotoğraflarda yürürken çekilmiş birçok pozu vardı. Onlara bakarak kızının üzerinde en iyi durabilecek birkaç elbise seçti. İzmir hava limanında Ahmet Bey arabasının anahtarlarını Ali'ye teslim ederken; "oğlum haftaya bizi gelip alır mısın? Sana zahmet olacak ama..." Ali; "hiç öyle şey olur mu? Tabii ki. Zaten ben de size bunu teklif edecektim."

Uçağın inmesine bir saat kala, epey uzun süren hasretliği sona erdirecek olaya tanık olmak üzere otomobile atlayıp hava alanının yolunu tuttu Ali.

*

Ev sahibesi her gün olduğu gibi yine sabah kahvaltısını hazırladı, Ali'ye gelen günlük gazeteyi masanın üzerinde her zamanki yerine bıraktı ve odasına çekildi. Avlu kapısından gelen rüzgârdan gazete yere düşmüştü; baş sayfada:

TRAFİK KAZALARI CAN ALMAYA DEVAM EDİYOR.

Hava limanından İzmir istikametine giden Ali Kılıç'ın kullandığı otomobil, Hatalı sollayan bir kamyonla çarpıştı. Kamyonun altına giren otomobildeki dört yolcu olay yerinde hayatlarını kaybetti. Kamyon şoförü sorgulanmak üzere gözaltına alındı.

Kazada ölenler: Dr. Ahmet... Vs. vs. vs.

Kabakum-Dikili
10.01.2009

YAĞMURDA BEKLEYEN ADAM

Sokak lâmbasının altına geldiğinde bir ambulans, sirenini acı acı çalarak geçti yanından. Biraz ilerideki sokağa sapmak için yavaşladığında arka stop lambalarının yağmurdan ayna gibi olmuş karanlık asfaltta yansıyan kırmızı ışığı gözlerini kamaştırdı. Sicim gibi yağan yağmurdan sırılsıklam olmuştu. Önünden geçip gidenler; paltolarının yakalarını kaldırmış bir halde, şemsiyelerinin altından ona bakmadan edemiyorlardı. Saçlarından süzülen yağmur, ensesinden girip neredeyse beline kadar gelmişti. Şemsiyesi yoktu ve adamakıllı ıslanıyordu. Sigara bile yakamıyordu.

Şöyle birileri bir şey sorsa, hemen konuşmaya hazırdı. Gel gelelim, yağmur tüm hırçınlığıyla devam ettiğinden, geçenler sadece bakmakla yetiniyorlardı kendisine. Kim bilir içlerinden neler geçiriyorlardı, yağmurun altında kımıldamadan duran bu "deli" için. Belki de iki üç adım sonra unutulup gidiyordu. Ama o beklemeye devam ediyordu. Yağmurun inatla yağmasına inat bir bekleyiş içindeydi.

Islanıyordu ama olsun; varsın ıslan sındı. Bir ara ıslıkla bir şeyler çalmak geçti aklından, denedi ama yağmurdan ıslanan dudakları arasından bir türlü ıslık sesini çıkaramadı. İçinden mırıldanmaya başladı o da.

Hafifçe esen rüzgâr artmış, hırçınlaşmıştı. Yağmur bir kırbaç gibi vuruyordu yüzüne şimdi.

O anda sol taraftan, bir çeşit tangırtı ve kahkaha sesleri gelmeye başladı. Üç genç, avuçlarının içinde yağmurdan ıslanmasın diye gizledikleri sigaralarla yüksek sesle bağıra bağıra konuşarak ve yüksek sesle gülerek, önlerine kattığı atık bir kola kutusunu tekmeleye tekmeleye geçti önünden yağmurda inatla bekleyen adamın.

Yağmurdan sırılsıklam olmuş tekir bir kedi büyük bir korkuya kapılmış, zemin kattaki apartman penceresinden büyük bir panikle atlayıp kaldırımdaki yaprakları tamamen dökülmüş dut ağacına tırmanmıştı. Belli ki üç gencin çıkarttığı gürültüden çok korkmuştu zavallı. Kedinin bu hali gençleri daha da coşturmuştu sanki. Bir süre tekmeledikleri konserve kutusunu ağaca sığınmış kediye acımasızca atıp durdular sonra çekip gittiler.

Bu arada İhtiyar bir çift konuşarak geçiyordu karşı kaldırımdan. Belli ki misafirlikten geliyorlardı.

Kadın; "bey sana kaç defa söyledim Mahmut bey'le politika konuşma diye!"

Adam; "tamam da Mahmut'un da her anlattığına eyvallah mı diyecektim yani? Ben de fikirlerimi söyleyemeyecek miyim?"

Kadın; "her seferinde böyle oluyor işte. Boşu boşuna birbirinizi kırıyorsunuz." Diye konuşa konuşa geçip gittiler. Yağmur altında bekleyen adam onları, yandaki sokağa sapasıya kadar gözleriyle takip etti. Belli ki iki ayrı görüşe sahip iki eski arkadaştı bunlar. Yıllar geçtikçe çıkarları doğrultusunda değişik görüşleri benimsemişler ama hala birbirlerine gidip geliyorlardı.

Şimdi de önünden iki çocuklu, hamile bir kadın geçiyordu. Göğsünden sonraki alt düğmesini ilikleyememiş, dolgun karnı mantosunun dışında kalmıştı. Kadın, çocuğunun biri kucağında, bir yandan şemsiyesini tutmaya çalışırken, boşta kalan eliyle diğer çocuğunu çekiştirip durmaktaydı. Kucağındaki çocuk boyuna ağlıyordu. Çocuğun ağlaması yağmur ve rüzgârın sesine karıştıkça daha bir boğuklaşıyordu sanki. Diğer çocuksa; annesinin elinden kurtulmak için boyuna, yana doğru çekiyordu zavallı kadını. Anne, başına bağladığı eşarbın uçlarını, rüzgârdan uçmasın diye dişlerinin arasına aldığından, çocuklarını belirgin bir şekilde uyaramıyor, hırıltıyla karışık tıslayan bir sesle; "Çekmeee! Çekmeee!" diyebiliyordu yalnızca. Tam o anda, karşıdan gelen bir otomobil, olanca hızıyla yolun tam ortasındaki su birikintisine dalıp anne ve iki çocuğunu tepeden tırnağa ıslatıvermişti. Kadın, sertçe esen rüzgâra aldırış etmeden, dişlerinin arasına sıkıştırdığı eşarbın uçlarını ağzından bırakıp bağırmaya başlamıştı artık; küfür-beddua karışık haykırıyordu...

Sokak lambasının altında yağmur ve şiddetli rüzgâra rağmen bekleyen adam bir ara saatine baktı ve yavaş yavaş oradan uzaklaştı.

Kim bilir daha kimler geçecekti sokak lambasının önünden.

Kabakum/2017

***

Birkaç saat önce dinen yağmur suları
birer elmastan yontulmuş damlacıklar halinde
çam ağaçlarının sivri yaprak uçlarından
hafif bir esintiyle kendini tutamayarak
damlamayı bekliyordu.

***

PARS

Baharın ilk müjdecileri kırlangıçlar, keskin bir pala gibi kıvrık uçlu kanatlarıyla sanki havayı kesiyormuşçasına keskin virajlar alarak bir gökyüzüne, bir papatyaların beyaz motifler işlediği çimenden halıların çok yakınına kadar pike yaparak uçuşuyorlar, ince ve zevkli cıvıltılarıyla doğaya şarkılarını söylüyorlardı. Akşamdan yağan yağmurla yumuşayan ıslak topraktan gagalarına birer parça çamur alarak geldikleri gibi yine yıldırım hızıyla geri dönüyorlardı. -Ya yeni bir yuva yapıyorlar, ya da çok sert geçen kışın zarar verdiği yuvalarını tamir ediyor bunlar...- diye düşünmekten alamadı kendini.

Yol boyunca çam ve karabiber ağaçlarının altından hem yürüyor hem de kırlangıçların bu uçuşlarını hayran hayran seyrediyordu. Birkaç saat önce dinen yağmur suları birer elmastan yontulmuş damlacıklar halinde çam ağaçlarının sivri yaprak uçlarından hafif bir esintiyle kendini tutamayarak damlamayı bekliyordu. Kırlangıçların hareketlerini seyrederken birkaç damla başına isabet etmiş, saçlarının arasından kafa derisine kadar inmişti. -günaydın ağabey- sesini duyunca sitenin marketine geldiğini anladı. Gazetesini, ekmek, simit ve eve gerekli malzemeleri alıp, geldiği yoldan değil de başka bir yoldan evine dönmeye başladı. Böylece eviyle bakkal arasında gidiş-gelişte bir daire çizmiş olacaktı. Zaten her bakkala gidişinde, böyle yapardı hep.

Önceleri fidanlık olarak düşünülen sonra da büyümeye başlayınca satmaktan vazgeçilen hafifçe seyreltilmiş küçük çamlıktan karatavukların ve kumruların seslerini dinleyerek evin yolunu tuttu. Yaprakları daha henüz bir bebek eli kadar büyümüş asırlık iki çınarın altındaki evin önünden geçerken mırıltılar duydu ve seslerin geldiği yere yöneldi. Evin bahçe duvarının tam köşesine isabet eden yerde yaz-kış yapraklarını koruyan bir tür bodur ağacın altında bir hareketlilik fark etti. Dikkatli bakınca daha dün sabah, evin önünde yiyecek verdiği Garip'i fark etti. Yarım daire şeklinde yatmış, karın ve göğüs bölgesinde bir sürü küçük yumacıklar kıpır kıpır hareket ediyordu. Evet, yanılmamıştı tam 10 tane yavru getirmişti dünyaya Garip. Beni görünce büyük bir gururla yüzüme bakıp kuyruğunu sallamaya başladı. Yorgundu bakışları. Bir bana bir yavrularına bakarak mutluluğunu dile getiriyordu. Yavruların hepsi de sağlıklı ve topluydu. Henüz açılmamış gözlerine rağmen annelerinin memelerini bulmuşlar curk curk sesler çıkararak süt emiyorlardı. Garip'in sütü boldu herhalde. Bazı yavruların dudakları arasından yutamadıkları sütler, beyaz köpükler halinde akıyordu. Hemen eve döndü sokak kapısının önündeki köpeklere yiyecek verdiği eski tencereyi alıp tekrar bakkala gitti. Süt ve ekmek alıp garip ve kalabalık ailesinin yanına döndü. Ekmeği tavaya doğradı üzerine de yarım şişe süt döküp Garip'in önüne koydu.

Garip bir yandan yavrularını emziriyor bir yandan da yemeğini yerken ara sıra da Ona bakıp sevgi ve minnetle kuyruğunu salıyordu. Kalan sütü tavaya boşaltıp eve döndü.

Çok sevinmişti, sokak köpeği olmasına rağmen yaşı epey ilerlemiş Garip'i her sabah kapının önünde besliyor, seviyor okşuyordu. Garip'te onu sahiplenmiş hemen hemen bütün gün bahçe kapısının önünde yatıyordu. Sahilde yaptığı sabah yürüyüşlerinde ona eşlik ediyordu. Şimdi de yavrulamış ve analık görevini yapıyordu. Her gün iki sefer bazen sütlü ekmek, bazen de yemek artıklarından, itinayla hazırladığı yiyeceklerle karnını doyuruyordu Garip'in. Çok geçmeden yavruların gözleri açıldı ve yavaş yavaş önce şişe sütü sonra da sütte ıslatılmış ekmek içleriyle karınlarını bir güzel doyuruyorlardı. Çok kısa bir süre sonra, doğdukları bahçe dar gelmeye başlamıştı herhalde ki, annelerinin de yardımıyla bahçe kapısının aralıklarından sokağa bile çıkıyorlardı.

Yine bir sabah büyük aileye yiyeceklerini götürdüğünde, yavruların yedi tanesi yok olmuştu. Garip bir tuhaf olmuştu. Kanlanmış gözleriyle etrafa hüzün içinde bakıyordu. Ne yazık ki konuşamıyordu. Herhalde çok şeyler anlatacaktı bir konuşa bilse. Büyük bir telaşla sağa sola baktı, doğru markete yavrulara ne olduğunu sormak için gitti. Sitede oturan üç aile aralarında yedi yavruyu paylaştıklarını öğrendi. Geriye garip ve üç erkek yavrusu kalmıştı sadece. Allahtan yavruları alanlar gerçekten de hayvan severdi. Buna çok sevindi. O da üç yavruyla Garip'i evlerinin bahçesine götürmeye karar verdi

*

Aniden nüfus artışı olmuştu evde. Yavruları alındıktan sonra Garip kısa bir süre onları aradı. Hatta bir sabah marketten dönerken onu yavrularını doğurduğu yerleri koklarken görmüştü. Sonra unuttu galiba. Kalan üç yavrusuyla mutlu olmaktan başka bir şey gelmiyordu elinden. Sahibi de hem kendisini hem de yavrularını çok iyi besliyor, her geldiğinde de devamlı onlarla konuşuyordu. Daha başka ne isteyebilirdi ki?

Yavrular iki aylık olmuşlardı bile. Eve geldiklerinin ertesi günü yavrulara birer isim koymuştu. Uzun tüylü siyah beyaz paftalıya Pars, Her tarafı kahverengi olana Çikolata, kahverengi üzerinde küçük beyaz benekli olanına da Çapkın isimlerini vermişti. Yemeklerini yedikten sonra hem evin büyük bahçesinde, hem de sokakta devamlı oynuyorlardı üç kardeş. Oynayıp zıplamaktan yorgun düşünce de her biri bahçedeki hanımeli sarmaşığının altında yatıp uyuyorlardı.

Deniz kenarında her sabah artık bir beşli olarak devam etmeye başlamıştı yürüyüşlerine. Denize bile birlikte giriyorlardı. Sadece anneleri Garip onlar denizdeyken ıslak kumların üzerinde yatarak heyecan ve merakla beklemeyi tercih ediyordu.

Günler çok çabuk ilerliyordu. Kendisi Yurt dışına gittiğinde çok yakın bir dostuna emanet ediyordu Pars ve diğerlerini. Üç- dört aylık ayrılıktan sonra yine nöbeti devralıyordu. Bir seferinde Yurt dışından dönüşünde çok kötü bir haberle sarsıldı. Site sakinlerinden bazıları, sokakta gezen köpekleri, Site yönetimine şikâyet etmeleri ve Belediyenin hayvan barınağı işçilerinin, hayvanları koruma amaçlı değil de adeta itlaf amaçlı olarak gelip yüksek dozlu uyuşturucu ilaç içeren morfinlerle birçok köpeği katlettiklerini öğrenmişti arkadaşından. Tabii bu arada Garip, çapkın ve çukulata da bu katliamdan nasiplerini almışlar. İki yavru ve anneleri yüksek dozdaki morfinlerin etkisiyle adeta kucak kucağa ölmüşlerdi. Yalnız, Pars'a silahla atılan enjeksiyon'u uzun tüyleri kaydırmış ve o kurtulmuştu.

Bu katliamı kınamak için birçok kez Belediyeye gitmişti ama maalesef hiçbir sonuç alamamıştı.

Şimdi sadece Pars'la yapayalnız kalmışlardı...

Belçika/2019

KURBAN BAYRAMI VE BEN...

Haydi kalk oğlum, bugün bayram. Hemen hazırlan. Baban brik'i hazırladı diyerek uyandırdı Halam beni o sabah. (brik, tek at koşulan iki büyük tekerlekli dört kişilik koltuğu ve akasında da örtülü bagajı olan bir çeşit fayton)

Aceleyle yataktan kalkıp doğruca tulumba başına gidip elimi yüzümü yıkadıktan sonra giyinmek için tekrar odama çıktım.

O gün, Bergama Kulaksız Cami (o zamanlar minaresi olmadığı için kulaksız derlerdi) avlusunda her birimiz koltuklarımızın altında getirdiğimiz küçük seccadelerimizi müsait yerlere serdik. Ayakkabılarımızı çıkartıp seccadelerde oturduk. Ezan okunduktan sonra seccadelerimizin üzerinde saf tutup bayram namazına başladık. Ben namaz kılmasını bilemediğim için ön taraftakilerin yaptıklarına bakıp öyle hareket ediyordum.

Namaz sonrası cemaat, aralarında bayramlaşmaya başlamıştı ve sanki orası bir panayıra dönüşmüştü.

Bağlara geri döndüğümüzde saat dokuza geliyordu. Annem ve halam kahvaltıyı hazırlamışlar bizim bayram namazından dönmemizi bekliyorlardı. Gaz ocağı üzerindeki çaydanlıktan gelen ıslıklarla epey acıktığımı hissetmiştim bir anda...

Sofraya oturmadan önce, ailecek büyükten küçüğe doğru bahçeye dizilmiştik. İlk önce babam ablasının elini öptü onun yanına geçti. Sonra da sırasıyla annem, büyük ağabeyim, küçük ağabeyim ve ben tek tek büyüklerimizin ellerini öpüp bayramlaştık. Ben en sonuncu olduğum için küçük masanın üzerinde duran bayram şekeri tabağını büyükten küçüğe doğru tek tek ikram edip kahvaltıya başladık...

Kahvaltıdan sonra odalarımıza gidip bayramlıklarımızı giyindik ve tekrar bahçeye indik. Bu arada emektar bahçıvanımız Tevfik ağabey Bir elinde Meka'nın ipini tutmuş hepimizle tek tek bayramlaştı... (Meka küçük kuzuyken alınmış bağlarda bir yıla yakın beslenen kurbanlık kara koyunumuzun adı)

Tevfik ağbey Meka'yı zor zapt ediyordu. Bağlarımızın giriş kapısının yan tarafında bulunan çok eski incir ağaçlarına yakın bir yerde çukur kazılmıştı. Tevfik ağabey Meka'yı o çukurun başına götürüp üç bacağını bağlayarak yere yatırdığı anda Meka yüzlerimize bakarak melemeye başlamıştı. Sık sık diliyle burnunu yalıyordu aynı zamanda.

Sanki kurban edileceğini anlamış gibiydi. Tevfik ağabey büyükçe bir peçeteyle gözlerini örtüp, peçeteyi de boynuzlarının arkasına bağlayasıya kadar melemesi kesilmedi...

Bir anda babam, elinde büyük bir bıçakla Meka'nın yanı başında belirdi. Tüm ailecek sanki büyük bir oyun seyrediyormuş gibi çevresinde halkalandık. Babam koyunun başını çukurun orta yerlerine kadar çekti ve onun kulağına sesleniyormuş gibi bir şeyler söyledi, gırtlağını birkaç kez okşar gibi yaptı ve galiba bir de dua okudu... Bıçağı tek hamlede hayvanın gırtlağına sürterek işi bitirdi. Şimdi fıskiye gibi fışkıran kan ve bağlı olmayan arka bacaklarından birinin tepinmesini görebiliyordum ancak Meka'nın.

Alnımda hafif bir ılıklık hissetiğim anda iki kaşımın arasından süzülen kanı fark ettim. Galiba bu bir inanç gereği kurban kesilirken çevresinde toplananların alınlarına kurban eden tarafından kan tutmasın diye sürülen bir parmak kanmış. O anda şakaklarım zonklamaya, başım dönmeye başlamıştı. Koşarak tulumba başına gidip buz gibi kuyu suyuyla yüzümü, dolayısıyla alnımı bolca suyla iyice yıkamış doğru odama çıkıp tekrar yatmıştım. Bu da benim ilk ve son bir canlının öldürülmesine şahit olmamdı... Artık Meka olmayacaktı.

***

Ilık ılık esen bir ilkbahar rüzgârıyla hafifçe dalgalanan gelincik ve papatya denizinin orta yerinde otlayan Meka, rengârenk denizin ortasında demir atmış küçücük bir sandal gibiydi. Çiçekten çiçeğe uçan bir bal arısı gibi, o da yemyeşil otların filizlerinden filizlerine gidip geliyordu.

Bizim bağlara geldiğimizi görünce sevinç içinde melemeye başladı. Ben koşarak Meka'nın bulunduğu yere gittim hemen. Sanki benimle konuşmak istiyormuş gibi burnunu havaya kaldırıp tekrar meledi.

O sırada Tevfik ağabey yanımıza geldi ve Meka'nın bana zarar vermesi olasılığını göz ardı etmeden kuzuyu boynuzlarından tuttu. İlk defa bir kara koyun görüyordum. Şimdi büyümüş ve koyun sınıfına geçmişti. Bana sevimli bir biçimde bakıyordu sanki.

Yumuşacık bir sesle –Mekaaaa, diyerek yanına yaklaştım ve başını okşamaya başladım. Çok munis bir hayvandı. Başının ve yumuşacık tüylerinin okşanmasına ters bir hareket yapmıyor adeta bundan hoşlanıyordu.

Meka, geçen yıl ekim ayında doğmuştu ve babam onu eve getirdiğinde küçücüktü daha. Kıvır kıvır tüyleriyle topacık çok sevimli bir kuzucuktu. Onu bir-iki gün evde bakıp bir Pazar günü Bağlara götürüp Tevfik ağabey'e teslim etmişti babam. Ara, ara babam beni bağlara götürdüğünde hemen hemen bütün günüm Mekayla geçerdi... Ben nereye gitsem meleyerek peşimden geliyordu. Babam eve her dönüşümüzde, her geçen gün büyüyerek gelişen (kurbanlık) Meka'yı annemlere öve öve bitiremiyordu. Ben de mahalede çocuklarla konuşurken hep kurbanlık Meka'dan bahsederdim anlamını düşünmeden.

Bağlara göçtükten 15-20 gün sonra büyük ağabeyim de okullar tatil olunca İstanbul'dan gelmişti. O da Meka'yı kızdırmaktan hoşlanırdı. Karşısına geçip bir eliyle dur işareti yapar gibi –tos, tosss, derdi. Meka da buna çok kızardı, bir iki adım gerileyip hızla ağabeyimin üzerine koşar ve en son, arka bacaklarından kuvvet alarak eline tos atardı. Bir gün hiç unutmam ağabeyim bağlarda incir toplarken Meka arkadan sessizce yaklaşmış ve poposuna olanca gücüyle bir tos atmıştı. Ağabeyim bir süre popsunun üzerine oturamamıştı.

Bağlardaki köpeklerimiz de çok iyi dost olmuşlardı Meka'yla. Öğle yemeklerinde o da iki köpeğimiz gibi yanımıza gelir, biz yemek yerken o da yattığı yerde ağzını yamulta yamulta geviş getirirdi.

*

Ağustos sonunda kurban bayramı başlıyordu. Halam ve annem büyük bir telaş içersinde bayram hazırlıklarına girişmişlerdi. Bir akşam yemeğinde babam annemden kurban bıçağını da arabanın bagajına koymasını istemişti. Bıçağın bilenmesi lazımdı.

Arife günü babam, annem, halam ve ben brikle, iki ağabeyim de bisikletleriyle mezarlığa gidip ölmüşlerimizi ziyaret ettik. Bağlardaki çiçeklerden bir kaç demet toplayıp mezarların üzerine bırakıp dualar edildi.

Ertesi gün bayramdı ve çok sevdiğim, hep onunla oynadığım kıvırcık Meka kurban edilecekti.

Tienen
11.08.2019